AF799352

Grundriß
des
gesamten deutschen Rechtes
in Einzelausgaben
von
Paul Posener.

11. Band.

Staatsrecht.

Zweite und dritte Auflage.

Berlin 1909.
J. Guttentag, Verlagsbuchhandlung,
G. m. b. H.

A. W. Hayn's Erben, Potsdam.

Inhaltsverzeichnis.

1. Abteilung.

Deutsches Reichsstaatsrecht.

4. Kapitel.

Die Funktionen des Reiches.

Abkürzungen.

A = Anfechtungsgesetz.
Abs = Absatz.
ALR = allgemeines Landrecht (Preußen).
Ausf- = Ausführungsgesetz zu . . . .
B = Bürgerliches Gesetzbuch.
Bn = Binnenschiffahrtsgesetz.
Band = Band des Grundrisses.
C = Strafprozeßordnung.
Cod = Codex.
D = Digesten.
E = Eisenbahnverkehrsordnung.
Einf- = Einführungsgesetz zu . . . . .
F = Reichsgesetz über freiwillige Gerichtsbarkeit.
Fl = Flößereigesetz.
G = Gerichtsverfassungsgesetz.
Gb = Ges. betr. die Gesellschaften mit beschränkter Haftung.
Gn = Genossenschaftsgesetz.
Gr = Grundbuchordnung.
Gw = Gewerbeordnung.
H = Handelsgesetzbuch.
J = Institutionen.
JRA = Jüngster Reichsabschied.
K = Konkursordnung.
KG = Entsch. des Kammergerichtes.
MO = Militärstrafgerichtsordnung.
MS = Militärstrafgesetzbuch.
Nr. = Nummer.
P = Patentgesetz.
Po = Postgesetz.
pr = preußisch.
R = Reichsverfassung.
RG = Entscheidungen des Reichsgerichtes.
RMG = Entscheidungen des Reichsmilitärgerichtes.
ROLG = Rechtsprechung der Oberlandesgerichte.
S = Strafgesetzbuch.
SC = senatus consultum.

sc. = saeculum.
Ssp = Sachsenspiegel.
Swsp = Schwabenspiegel.
U = Urheberrechtsgesetz.
V = Verfassung.
Vl = Verlagsgesetz.
Vv = Versicherungsvertragsgesetz
vgl. = vergleiche.
W = Wechselordnung.
w o. = weiter oben.
w. u. = weiter unten.
Z = Zivilprozeßordnung.
Zg = Zwangsversteigerungsgesetz.

Anfragen und Berichtigungen werden an die Adresse der Verlagsbuchhandlung oder direkt an den Verfasser Assessor Dr. iur. Paul Posener in Charlottenburg 2, Bleibtreustraße 18, erbeten.

Erste Abteilung.

Deutsches Reichsstaatsrecht.

§ 1. **Die Reichsverfassung** vom 16. April 1871 **zerfällt in** vierzehn Abschnitte:

I. Bundesgebiet, R 1.
II. Reichsgesetzgebung, R 2—5.
III. Bundesrat, R 6—10.
IV. Präsidium, R 11—19.
V. Reichstag, R 20—32.
VI. Zoll- und Handelswesen, R 33—40.
VII. Eisenbahnwesen, R 41—47.
VIII. Post- und Telegraphenwesen, R 48—52.
IX. Marine und Schiffahrt, R 53—55.
X. Konsulatswesen, R 56.
XI. Reichskriegswesen, R 57—68.
XII. Reichsfinanzen, R 69—73.
XIII. Schlichtung von Streitigkeiten und Strafbestimmungen, R 74—77.
XIV. Allgemeine Bestimmungen, R 78.

Ueber die Entstehung der R und die Gründung des Norddeutschen Bundes und des Deutschen Bundes bzw. Reiches vgl. Band **19**.

1. Kapitel.

Das Deutsche Reich als Bundesstaat.

§ 2. **Das Deutsche Reich** ist ein Bundesstaat.

Ueber die Staatenverbindungen vgl. Band **29**.

II. Das Reich ist ein wirklicher Staat, welcher ein einheitliches Gebiet und ein einheitliches Volk hat.

1. Als Bundesstaat umfaßt das Reich Staaten mit eigener Verfassung.

2. Das Bundesgebiet hat eine verfassungsmäßig feststehende Grenze.

a) Es umfaßt die Gebiete der 25 Einzelstaaten, nämlich:

α) 3 freie Städte: Bremen, Hamburg, Lübeck.

β) 4 Königreiche: Preussen, Bayern, Württemberg, Sachsen.

γ) 5 Herzogtümer: Anhalt, Braunschweig, Sachsen-Altenburg, Sachsen-Meiningen, Sachsen-Coburg und -Gotha.

δ) 6 Grossherzogtümer: Baden, Hessen, Oldenburg, Mecklenburg-Schwerin, Mecklenburg-Strelitz, Sachsen-Weimar.

ε) 7 Fürstentümer: Waldeck, Reuss ä. L., Reuss j. L., Schwarzburg-Sondershausen, Schwarzburg-Rudolstadt, Lippe, Schaumburg-Lippe.

b) Es gehört ferner Elsaß-Lothringen dazu, und zwar nicht als Einzelstaat, sondern als Reichsprovinz; siehe w. u. Seite 8.

Ueber die Schutzgebiete vgl. w. u. Seite 11.

Helgoland ist dem Reiche durch das Reichsgesetz vom 15. Dezember 1890 einverleibt und durch das preussische Gesetz vom 18. Februar 1891 in Preussen aufgenommen worden.

II. Nach der Präambel zur R schließen die Kontrahenten einen ewigen Bund zum Schutze des Bundesgebietes und des innerhalb desselben gültigen Rechtes sowie zur Pflege der Wohlfahrt des deutschen Volkes.

1. Kontrahenten sind:

a) der König von Preußen im Namen des Norddeutschen Bundes,

b) der König von Bayern,

c) der König von Württemberg,

d) der Großherzog von Baden,

e) der Großherzog von Hessen und bei Rhein für die südlich vom Main belegenen Teile des Großherzogtums Hessen. — Der nördliche Teil Hessens gehörte bereits dem Norddeutschen Bunde an.

Kontrahenten des Norddeutschen Bundes waren die sämtlichen Bundesfürsten und die Senate der freien Städte.

2. Ewiger Bund bedeutet, daß dem Bundesstaate eine Zeitgrenze nicht gesetzt werden soll.

§ 3. Reichssouverän ist, wer die Souveränität des Bundesstaates trägt.

I. Der Kaiser ist nicht Reichssouverän, denn das Reich ist keine Monarchie. Die Rechte, die der Kaiser als Souveränitätsrechte ausübt, übt er nicht im eigenen Namen aus.

1. Das Reich ist nicht eine Demokratie, denn das Volk ist nicht Subjekt der Souveränität.

2. Der Bundesrat ist nicht Souverän, sondern nur vom Souverän mit der Ausübung von Rechten betraut.

II. Souveränität hat das Deutsche Reich als solches; die Einzelstaaten sind nicht souverän.

1. Träger der Reichsgewalt ist die Gesamtheit der verbündeten Regierungen, also ein Kollektivsouverän.

2. Das Reich hat 25 Mitglieder, nämlich die 25 Einzelstaaten.

3. Organe des Reiches sind der Bundesrat, der Kaiser, der Reichstag.

§ 4. Die Funktionen des Reiches.

I. In völkerrechtlicher Beziehung.

1. Das Reich hat allein das Recht, Krieg zu erklären und Frieden zu schließen.

Ueber die Ausübung dieses Rechtes siehe w. u. Seite 23.

2. Das Gesandtschaftsrecht des Reiches besteht neben dem der Einzelstaaten; jedoch dürfen die Einzelstaaten nur mit den vom Reiche anerkannten Staaten diplomatisch verkehren.

3. Das Recht des Vertragsschlusses gebührt sowohl dem Reiche als auch den Einzelstaaten.

a) Die Einzelstaaten dürfen Verträge nicht abschließen:

α) wenn sie gegen die Interessen des Reiches gerichtet sind;

β) wenn sie sich auf solche Gebiete beziehen, auf denen eine ausschließliche Kompetenz des Reiches besteht.

b) Auf den Gebieten der Zuständigkeit der Einzelstaaten besteht deren Vertragsrecht uneingeschränkt.

II. Die Reichsjustiz wird durch das Reichsgericht, das Reichsmilitärgericht, die Reichskonsuln ausgeübt.

III. Auf dem Gebiete der Gesetzgebung sind das Reich und die Einzelstaaten in verschiedenem Umfange zuständig.

1. Das Reich kann Vorschriften erlassen, die nicht nur die einzelnen Reichsangehörigen, sondern die Einzelstaaten selbst verpflichten.

2. Das Reich hat in den zu seiner Zuständigkeit gehörenden Angelegenheiten, bei denen es die Verwaltung durch die Einzelstaaten ausüben läßt, ein Beaufsichtigungsrecht.

IV. Quellen des deutschen Staatsrechtes sind Gesetze, Verträge, Gewohnheitsrecht.

Literatur: Laband Staatsrecht (4. Auflage, 4 Bände); Laband Reichsstaatsrecht; Meyer-Anschütz Lehrbuch; von Seydel Kommentar zur R (2. Auflage); Arndt Reichsstaatsrecht; Haenel Staatsrecht.

§ 5. Die Einzelstaaten sind nichtsouveräne Mitglieder des Bundesstaates; in dieser Eigenschaft stehen ihnen verschiedenartig qualifizierte Rechte zu.

I. Die Einzelstaaten haben ein unentziehbares Recht auf die Existenz des Bundesstaates und auf die eigene Existenz eines jeden Einzelstaates.

1. Eine Verfassungsänderung darf nicht die vertragsmäßigen Grundlagen des Bundes verletzen.

2. Diejenigen Vorschriften der R, durch welche bestimmte Rechte einzelner Einzelstaaten in deren Verhältnis zur Gesamtheit festgestellt sind, können nur mit Zustimmung des berechtigten Einzelstaates abgeändert werden, R 78, Abs. 2.

II. Die Rechte der Einzelstaaten können sein:

1. Mitgliedschaftsrechte, d. h. die allen Einzelstaaten gleichmäßig auf Grund der R zustehenden Rechte.

Beispiel: Jedes Mitglied des Bundesrates hat das Recht, im Reichstage zu erscheinen und muss daselbst auf Verlangen jederzeit gehört werden, um die Ansichten seiner Regierung zu vertreten, auch dann, wenn sie von der Mehrheit des Bundesrates nicht angenommen worden sind; R 9.

2. Mitgliedschaftsvorrechte, d. h. solche Rechte, die auf Grund der R bestehen und einem Einzelstaate eine Vorzugsstellung gegenüber den anderen geben.

Beispiele: Die Präsidialrechte Preussens, die Rechte Bayerns, Württembergs, Sachsens auf den Sitz in gewissen Bundesratsausschüssen, das Recht Bayerns auf Vertretung Preussens im Vorsitze des Bundesrates.

3. Reservatrechte, d. h. solche Rechte, welche gewissen Einzelstaaten schon vor der Teilnahme am Reiche zustanden und ihnen auch nach ihrem Beitritte erhalten geblieben sind.

III. In folgenden Materien besteht für gewisse Einzelstaaten eine Ausnahme von der Zuständigkeit des Reiches:

1. Das Gesetz über den Unterstützungswohnsitz vom 6. Juni 1870, abgeändert unter dem 12. März 1894, neu redigiert am 30. Mai 1908, gilt für Bayern nicht.

Für Bayern gilt Heimats- und Niederlassungsrecht auf Grund des Gothaer Vertrages vom 15. Juli 1851 und der Eisenacher Konvention vom 11. Juli 1853, ferner Bayerisches Unterstützungswohnsitzgesetz von 1868. — In Bayern gilt ferner eine Beschränkung der Verehelichungsfreiheit für die rechtsrheinischen Landesteile, vgl. prAusf-B 43 § 6.

Das Reichsgesetz über den Unterstützungswohnsitz wird am 1 April 1910 auch in Elsass-Lothringen gelten, bis dahin herrscht dort französisches Recht, welches einen Unterstützungswohnsitz nicht anerkennt.

2. Eisenbahnwesen: R 42—46 gilt nicht für Bayern.

3. Post und Telegraphie sind für Bayern und Württemberg partikular geblieben.

Bayern behält die freie und selbständige Verwaltung seines Post- und Telegraphenwesens, nimmt aber nicht an den zur Reichskasse fliessenden Einnahmen teil. Das Reich hat auch für Bayern die Gesetzgebung über die Vorrechte der Post und Telegraphie, über die Rechtsverhältnisse beider Anstalten zum Publikum, über die Portofreiheiten und das Posttaxwesen (beides jedoch nicht bezüglich des inneren Verkehrs in Bayern), das Reich regelt den Post- und Telegraphenverkehr mit dem Auslande. Bayern hat seine eigenen Wertzeichen beibehalten.

Württemberg hat ähnliche Vorrechte, es lässt jedoch seine Postwertzeichen auf Grund des Postwertzeichenvertrages von 1902 in der Reichsdruckerei herstellen (Aufschrift Deutsches Reich), es besteht Markengemeinschaft mit einem besonderen Abrechnungsverfahren.

4 Die Besteuerung des inländischen Bieres ist für Bayern, Württemberg und Baden landesgesetzlich geregelt.

Diese drei Staaten bilden die süddeutsche Brausteuergemeinschaft, beim Versand nach anderen Reichsteilen werden Binnenzölle erhoben.

5 Das Militärwesen ist in der R geordnet; aber für Bayern bestehen ausgedehnte Reservate. Die anderen Staaten (außer Württemberg und Sachsen) haben durch Militärkonventionen ihre Militärverwaltung Preußen übertragen. Sachsen und Württemberg haben eigene Militärverwaltung auf Grund der R, jedoch durch Konventionen mit Preußen in besonderen Beziehungen Vereinbarungen getroffen.

6. Das Immobiliarversicherungswesen darf reichsgesetzlich nur dann für Bayern abgeändert werden, wenn dieses zustimmt, vgl. Einf-V v 2.

7 Bayern darf halbe Pfennige prägen, z. B. $12^1/_2$ Pf.

8. Das Herzogtum Oldenburg, ein Landesteil des Großherzogtums, kann Chausseegelder über den Satz des preußischen Chausseegeldertarifes von 1828 erheben, darf aber nicht seinen damaligen Satz erhöhen; Vertrag vom 8. Juli 1867, Artikel 22, Absatz 3.

§ 6. Das Reichsindigenat ist eine der drei Erscheinungsformen der Reichsangehörigkeit.

I. Im Bundesstaate besteht eine doppelte Staatsangehörigkeit: für das Deutsche Reich und für den Einzelstaat. Die Staatsangehörigkeit (oder Landesangehörigkeit in Elsaß-Lothringen) ist die Grundlage für den Erwerb der Reichsangehörigkeit.

1. Die sämtlichen Reichsangehörigen bilden das Reichsvolk.

2. Die Reichsangehörigkeit gewährt allen Reichsangehörigen das gleiche Recht.

Dagegen ist der Inhalt der Staatsangehörigkeit verschieden, je nach den Einzelstaaten.

3. Die Reichsangehörigkeit äußert sich in drei Grundformen: als Reichsindigenat, als Reichsuntertanenschaft, als Reichsbürgerrecht.

II. Für ganz Deutschland besteht gemäß R 3 ein gemeinsames Indigenat mit der Wirkung, daß der Angehörige (Untertan, Staatsbürger) eines jeden Einzelstaates in jedem anderen Einzelstaate als Inländer zu behandeln und demgemäß zum festen Wohnsitz, zum Gewerbebetriebe, zu öffentlichen Aemtern, zur Erwerbung von Grundstücken, zur Erlangung des Staatsbürgerrechtes und zum Genusse aller sonstigen bürgerlichen Rechte unter denselben Voraussetzungen wie der Einheimische zuzulassen, auch in betreff der Rechtsverfolgung und des Rechtsschutzes diesem gleich zu behandeln ist.

1. Kein Deutscher darf in der Ausübung dieser Befugnis durch die Obrigkeit seiner Heimat oder durch die Obrigkeit eines anderen Einzelstaates beschränkt werden.

Die Bestimmungen, welche die Armenversorgung und die Aufnahme in den lokalen Gemeindeverband betreffen, sowie die zwischen den Einzelstaaten bestehenden Verträge betreffend die Uebernahme von Auszuweisenden, die Verpflegung erkrankter und die Beerdigung verstorbener Staatsangehöriger bleiben in Kraft.

2. Der Militärpflicht kann in einem anderen Einzelstaate als demjenigen, welchem man angehört, genügt werden.

3. Dem Auslande gegenüber haben alle Deutschen gleichmäßig Anspruch auf den Schutz des Reiches.

III. Die Reichsuntertanenschaft umfaßt die Gehorsamspflicht gegenüber dem Reiche.

§ 7. Die Freizügigkeit ist eine Eigenschaft des Reichsbürgerrechtes; sie ist durch das Gesetz über die Freizügigkeit vom 1. November 1867 geregelt worden.

I. Jeder Reichsangehörige hat das Recht, innerhalb des Bundesgebietes:

1. an jedem Orte sich aufzuhalten oder niederzulassen, wo er eine eigene Wohnung oder ein Unterkommen sich zu verschaffen imstande ist;

2. an jedem Orte Grundeigentum aller Art zu erwerben;

3. umherziehend oder an dem Orte des Aufenthaltes beziehungsweise der Niederlassung Gewerbe aller Art zu betreiben, unter den für Einheimische geltenden gesetzlichen Bestimmungen.

II. In der Ausübung dieser Befugnisse darf er weder durch die Obrigkeit seiner Heimat noch durch die Obrigkeit des Ortes, in welchem er sich aufhalten oder niederlassen will, gehindert oder durch lästige Beschränkungen eingeengt werden.

Zwei Ausnahmen sind zugelassen:

1. Landesgesetzliche Aufenthaltsbeschränkungen bestrafter Personen bleiben bestehen.

2. Die Gemeinde ist zur Abweisung eines neu Anziehenden befugt, wenn sie nachweist, dass er den notdürftigen Lebensunterhalt weder aus Erwerb noch aus Vermögen bestreiten kann.

III. Wegen des Glaubensbekenntnisses bestehende Beschränkungen sind durch das Bundesgesetz vom 3. Juli 1869 beseitigt worden.

§ 8. **Das Reichsbürgerrecht** (Bundesangehörigkeit) auf Grund des Gesetzes über die Erwerbung und den Verlust der Bundes- und Staatsangehörigkeit vom 1. Juni 1870.

I. Die Bundesangehörigkeit wird durch die Erwerbung der Staatsangehörigkeit in einem Einzelstaate erlangt; mit deren Verlust erlischt sie.

1. Die Staatsangehörigkeit in einem Einzelstaate wird begründet:

a) durch Abstammung, und zwar bei ehelichen Kindern vom Vater, bei unehelichen von der Mutter;

b) durch Legitimation seitens des deutschen Erzeugers;

Die Adoption bewirkt nicht, dass das Adoptivkind die Nationalität des Wahlvaters erlangt.

c) durch Verheiratung mit einem Deutschen;

d) durch Verleihung, und zwar:

α) für einen Deutschen durch Aufnahme in den anderen Einzelstaat;

β) für einen Ausländer durch Naturalisation.

Aufnahme und Naturalisation unterscheiden sich wesentlich voneinander.

1. Die Aufnahme muss gewährt werden.

2. Die Naturalisation kann grundlos versagt werden.

e) Durch Anstellung als Beamter, sofern nicht ein entgegenstehender Vorbehalt in der Bestallung ausgedrückt wird.

2. Die Reichsangehörigkeit kann Ausländern, die in den Schutzgebieten sich niederlassen, sowie Eingeborenen durch Naturalisation vom Reichskanzler verliehen werden.

3. Ausländern in besoldeten Reichsdienststellen (mit Sitz im Auslande) darf die von ihnen nachgesuchte Naturalisation seitens eines Einzelstaates nicht verweigert werden.

II. Die Staatsangehörigkeit geht verloren:

1. durch Entlassung auf Antrag;

Die Entlassung wird durch eine von der höheren Verwaltungsbehörde des Heimatsstaates ausgefertigte Entlassungsurkunde erteilt.

Die Entlassung eines Staatsangehörigen, der unter elterlicher Gewalt oder Vormundschaft steht, kann von dem gesetzlichen Vertreter nur mit Genehmigung des Vormundschaftsgerichtes beantragt werden.

2. durch Ausspruch der Behörde wegen Nichtrückkehr auf literae avocatoriae oder wegen unbefugten Eintrittes in fremde Dienste;

3. durch zehnjährigen ununterbrochenen Aufenthalt im Auslande;

Aufenthalt in den Schutzgebieten gilt nicht als ausländischer Aufenthalt.

Der Verlust tritt nicht ein: 1. wenn der Deutsche Reisepapiere oder einen Heimatsschein hat; 2. wenn er sich in die Matrikel eines Reichskonsuls eintragen lässt.

Durch den Bancroftvertrag mit den USA. vom 22. Februar 1868 ist für Deutsche, die fünf Jahre ununterbrochen in den Vereinigten Staaten sich aufhalten und amerikanische Bürger geworden sind, die Verlustfrist auf fünf Jahre herabgesetzt worden.

4. bei unehelichen Kindern durch Legitimation seitens eines ausländischen Erzeugers;

5. bei Verheiratung mit einem Ausländer;

6. durch Option.

§ 9. **Der Unterstützungswohnsitz** wird auf Grund des Gesetzes vom 6. Juni 1870, abgeändert durch die Gesetze vom 12. März 1894 und vom 30. Mai 1908, begründet; er gewährt ein Recht auf Armenunterstützung.

I. Die öffentliche Unterstützung hilfsbedürftiger Deutscher wird durch Ortsarmenverbände und Landarmenverbände geübt.

1. Der Ortsarmenverband kann aus einer oder mehreren Gemeinden bzw. Gutsbezirken gebildet werden.

Seine Aufgabe ist die Unterstützung der Ortsarmen.

2. Der Landarmenverband wird entweder von einem Einzelstaate oder von besonderen, räumlich abgegrenzten Landarmenverbänden innerhalb eines Einzelstaates gebildet.

Seine Aufgabe ist die Unterstützung der Landarmen, d. h. solcher hilfsbedürftiger Deutscher, deren öffentliche Unterstützung endgültig zu tragen kein Ortsarmenverband verpflichtet ist.

Berlin bildet einen Landarmenverband für sich.

Streitigkeiten der Landarmenverbände werden vom Bundesamte für das Heimatswesen entschieden; vgl. Band 12.

II. Der Unterstützungswohnsitz wird durch Aufenthalt, Verehelichung, Abstammung erworben.

1. Wer innerhalb eines Ortsarmenverbandes nach zurückgelegtem sechzehnten Lebensjahre ein Jahr lang ununterbrochen seinen gewöhnlichen Aufenthalt gehabt hat, erlangt daselbst den Unterstützungswohnsitz.

Als Unterbrechung des Aufenthaltes wird eine freiwillige Entfernung nicht angesehen, wenn aus den Umständen, unter welchen sie erfolgt, die Absicht erhellt, den Aufenthalt beizubehalten.

2. Die Ehefrau teilt vom Zeitpunkte der Eheschließung ab den Unterstützungswohnsitz des Mannes.

3. Eheliche Kinder teilen den Unterstützungswohnsitz des Vaters, uneheliche den der Mutter.

III. Der Verlust des Unterstützungswohnsitzes tritt ein durch:

1. Erwerbung eines anderweitigen Unterstützungswohnsitzes (Prinzip der Inkompatibilität);

2. einjährige ununterbrochene Abwesenheit nach zurückgelegtem sechzehnten Lebensjahre.

Die einjährige Frist läuft von dem Tage, an welchem die Abwesenheit begonnen hat.

Als Unterbrechung der Abwesenheit wird die Rückkehr nicht angesehen, wenn aus den Umständen, unter welchen sie erfolgt, die Absicht erhellt, den Aufenthalt nicht dauernd fortzusetzen.

IV. Ausländer müssen vorläufig von demjenigen Ortsarmenverbande unterstützt werden, in dessen Bezirke sie bei Eintritt der Hilfsbedürftigkeit sich befinden.

V. Der Genuß der Armenunterstützung zieht den Verlust öffentlicher Rechte nach sich; in bezug hierauf sind nach dem Gesetze vom 15. März 1909 nicht als Armenunterstützung anzusehen:

1. die Krankenunterstützung;

2. die einem Angehörigen wegen körperlicher oder geistiger Gebrechen gewährte Anstaltspflege;

3. Unterstützungen zum Zwecke der Jugendfürsorge, der Erziehung oder der Ausbildung für einen Beruf;

4. sonstige Unterstützungen, wenn sie nur in der Form vereinzelter Leistungen zur Hebung einer augenblicklichen Notlage gewährt sind;

5. Unterstützungen, die erstattet sind.

2. Kapitel.

Reichsland und Schutzgebiete.

§ 10. Elsaß-Lothringen ist nicht ein Staat, sondern ein von dem Deutschen Reiche regiertes Gemeinwesen, also eine Reichsprovinz.

Die entsprechende Stellung gegenüber Oesterreich und Ungarn nehmen die Gebiete Bosnien und Herzegowina ein.

I. Nach der Eroberung von Elsaß-Lothringen ist die Regierung von dem Generalgouverneur im Elsaß auf Grund der Kabinettsorder vom 14. August 1870 ausgeübt worden.

II. Das Gesetz, betreffend die Vereinigung von Elsaß und Lothringen mit dem Deutschen Reiche, vom 9. Juni 1871 trifft folgende Anordnungen.

1. Die von Frankreich durch den Präliminarfrieden vom 26. Febr. 1871 abgetretenen Gebiete Elsaß und Lothringen werden in der durch den Friedensvertrag vom 10. Mai 1871 festgestellten Begrenzung mit dem Deutschen Reiche für immer vereinigt.

2. Die R soll in Elsaß und Lothringen am 1. Januar 1873 in Wirksamkeit treten.

R 3 über das gemeinsame Indigenat tritt sofort in Wirksamkeit.

3. Die Staatsgewalt in Elsaß und Lothringen übt der Kaiser aus.

a) Bis zum Eintritt der Wirksamkeit der R ist der Kaiser bei Ausübung der Gesetzgebung an die Zustimmung des Bundesrates und bei der Aufnahme von Anleihen oder Uebernahme von Garantieen für Elsaß und Lothringen, durch welche eine Belastung des Reiches herbeigeführt wird, auch an die Zustimmung des Reichstages gebunden.

b) Nach Einführung der R steht bis zu anderweitiger reichsgesetzlicher Regelung durch Reichsgesetz das Recht der Landesgesetzgebung dem Reiche zu.

III. Durch das Gesetz vom 25. Juni 1873 ist das Inkrafttreten der R auf den 1. Januar 1874 verschoben worden.

1. Das Reichsland entsendet 15 Abgeordnete zum Reichstage.

2. Die Besteuerung inländischen Bieres bleibt der Landesgesetzgebung des Reichslandes vorbehalten.

3. Der Kaiser kann mit Zustimmung des Bundesrates Notverordnungen erlassen, während der Reichstag nicht versammelt ist.

IV. Das Gesetz vom 2. Mai 1877 führt eine besondere Landesgesetzgebung ein.

1. Landesgesetze für das Reichsland, einschließlich des Etats, werden mit Zustimmung des Bundesrates vom Kaiser erlassen, wenn der durch den kaiserlichen Erlaß vom 29. Oktober 1874 eingesetzte Landesausschuß ihnen zugestimmt hat.

2. Die Erlassung von Landesgesetzen im Wege der Reichsgesetzgebung bleibt vorbehalten. Die auf Grund dieses Vorbehaltes erlassenen Landesgesetze können nur im Wege der Reichsgesetzgebung aufgehoben oder geändert werden.

3. Die Rechnungen über den Landeshaushalt werden dem Bundesrate und dem Landesausschuß zur Entlastung vorgelegt. Versagt der Landesausschuß die Entlastung, so kann sie durch den Reichstag erfolgen.

V. Das Gesetz vom 4. Juli 1879 (in Kraft seit dem 1. Oktober 1879) bildet den vorläufigen Abschluß der Gesetzgebung über die Reichslande.

1. Der Kaiser kann die ihm zustehenden landesherrlichen Befugnisse einem Statthalter übertragen. Der Statthalter wird vom Kaiser ernannt und abberufen. Er residiert in Straßburg.

Der Umfang der dem Statthalter zu übertragenden landesherrlichen Befugnisse ist durch die Kaiserlichen Verordnungen vom 14. März 1893 und 5. November 1894 bestimmt worden.

Der Diktaturparagraph über die ausserordentlichen Gewalten (§ 10 des Gesetzes vom 30. Dezember 1871) ist durch das Reichsgesetz vom 18. Juni 1902 beseitigt worden.

2. Ein nunmehr eingesetztes Ministerium für Elsaß-Lothringen mit dem Sitze in Straßburg und unter Leitung eines Staatssekretärs nimmt

die Funktionen der gleichzeitig beseitigten Behörden (Reichskanzleramt für Elsaß-Lothringen und Oberpräsidium in Elsaß-Lothringen) wahr.

3. Die Anordnungen und Verfügungen, welche der Statthalter in den ihm übertragenen landesherrlichen Rechten trifft, bedürfen zu ihrer Gültigkeit der Gegenzeichnung des Staatssekretärs, welcher dadurch die Verantwortlichkeit übernimmt.

Insoweit der Staatssekretär den Statthalter in dessen Reichskanzlerfunktionen vertritt, hat er die Stellung eines Stellvertreters des Reichskanzlers; vgl. v. u. Seite 22.

4. Der Staatsrat ist zur Begutachtung von Gesetzentwürfen, von Verordnungen und anderen ihm vom Statthalter überwiesenen Angelegenheiten berufen.

Der Staatsrat besteht unter dem Vorsitze des Statthalters aus dem Staatssekretär, den Unterstaatssekretären, dem Präsidenten des Oberlandesgerichtes und dem ersten Beamten der Staatsanwaltschaft bei diesem Gerichte, endlich acht bis zwölf Mitgliedern, welche der Kaiser ernennt.

5. Der Landesausschuß besteht aus achtundfünfzig Mitgliedern.

a) Von den Mitgliedern werden vierunddreißig auf Grund des kaiserlichen Erlasses vom 29. Oktober 1874 durch die Bezirkstage gewählt.

Verteilung: zehn werden durch den Bezirkstag des Ober-Elsass, elf durch den Bezirkstag von Lothringen, dreizehn durch den Bezirkstag des Unter-Elsass gewählt.

b) Die übrigen vierundzwanzig Mitglieder werden in Stadtgemeinden und Landkreisen gewählt.

Verteilung: je eins in den Gemeinden Strafsburg, Mülhausen, Metz und Colmar; ferner zwanzig von den zwanzig Landkreisen, in den Kreisen Mülhausen und Colmar unter Ausscheidung der gleichnamigen Stadtgemeinden.

c) Die Mitglieder des Landesausschusses haben den Eid der Bezirkstagsmitglieder abzulegen; die Ausübung des Mandates wird durch die Leistung des Eides bedingt.

§ 11. Die Stellung der Schutzgebiete ist die eines Zubehörs zum Reichsgebiete; sie sind nicht Reichsgebiet selbst.

I. Die Schutzgebiete sind staatsrechtlich Ausland, völkerrechtlich Inland.

Nur wenn die Reichsgesetze es ausdrücklich anordnen, gelten sie auch in den Schutzgebieten. — In bezug auf die Doppelbesteuerung und den zehnjährigen Aufenthalt (w. o. Seite 7) gelten die Schutzgebiete als Inland.

II. Die Schutzgewalt steht dem Reiche zu.

Schutzgewalt ist identisch mit Staatsgewalt; der Ausdruck rührt daher, dass ursprünglich Kolonialgesellschaften unter dem Schutze des Reiches Hoheitsrechte ausübten.

1. In den meisten Schutzgebieten hat das Reich die volle Staatsgewalt nach und nach an sich genommen; in Kiautschou hat es sie von Anfang an voll ausgeübt.

2. In einzelnen Schutzgebieten bestehen noch Hoheitsrechte einheimischer Häuptlinge, in Samoa solche eines einheimischen Königs.

Das Schutzgebietsgesetz vom 17. April 1886 ist zuletzt unter dem 25. Juli 1900 abgeändert und am 10. September 1900 in seiner neuen Fassung bekanntgemacht worden.

III. Die Schutzgebiete werden vom Staatssekretär des Kolonialamtes verwaltet.

Das Gouvernement Kiautschou, das als Pachtgebiet (nicht Schutzgebiet) bezeichnet wird, untersteht dem Reichsmarineamte.

Interessensphären sind nicht Schutzgebiete, sondern künftiger Okkupation rechtlich gesicherte Gebiete.

§ 12. **Die einzelnen Schutzgebiete** sind teils durch Verträge, teils durch Okkupation erworben worden.

I. Deutsch-Südwestafrika ist seit dem 24. April 1884 Schutzgebiet.

Früher Angra Pequena. — Ueber das Hinterland sind 1884 und 1885 Schutz- und Freundschaftsverträge mit den Häuptlingen abgeschlossen worden.

II. Kamerun und Togo sind zwei Schutzgebiete, welche seit 1884 dem deutschen Schutze unterstehen.

III. Deutsch-Ostafrika ist dem Reiche durch Vertrag vom 20. November 1890 mit der Deutsch-Ostafrikanischen Gesellschaft erworben worden.

1. Die Deutsch-Ostafrikanische Gesellschaft, seit dem 27. Februar 1885 unter dem Schutze des Reiches, hat 1888 und 1890 den Küstenstrich von Sansibar, der von Umba und Rovuma begrenzt wird, nebst der Insel Mafia vom Sultan von Sansibar gepachtet.

2. Das Reich hat vom 1. Januar 1891 ab auch die Souveränitätsrechte des Sultans von Sansibar über den Küstenstrich und die Insel Mafia erworben.

Der Vertrag vom 27. und 28. Oktober 1890, in welchem der Sultan die Souveränität über jene Gebiete abtrat, ist durch England vermittelt worden. Das Reich hat daher zugunsten Englands auf das Protektorat über Witu verzichtet.

IV. Kaiser-Wilhelms-Land umfaßt Neuguinea nebst Inseln, soweit diese Gebiete nicht England oder den Niederlanden gehören, ferner die Inseln des Bismarckarchipels.

Die Gebiete sind 1884 okkupiert und seit dem 17. Mai 1885 in die Verwaltung der Neuguineakompanie genommen worden. Hierzu sind 1886 die Salomonsinseln hinzugenommen worden.

Auf Grund des Verzichtes der Gesellschaft hat das Reich seit dem 27. März 1899 das Schutzgebiet in eigene Staatsgewalt genommen.

V. Das Inselgebiet besteht aus zwei Inselgruppen, die durch Verordnung vom 18. Januar 1906 zu einem Schutzgebiete vereinigt worden sind.

1. Die Marschall-, Brown- und Providenceinseln sind 1885 erworben und in die Verwaltung der Jaluitgesellschaft genommen worden.

Seit dem 1. April 1906 hat sich die Jaluitgesellschaft aufgelöst.

2. Die Karolinen, Palau und Mariannen sind durch Staatsvertrag vom 12. Februar und 30. Juni 1899 von Spanien erworben worden. Das Reich hat unterm 18. Juli 1899 die Schutzgewalt übernommen.

VI. Kiautschou ist durch Vertrag des Deutschen Reiches mit China vom 6. März 1898 pachtweise auf 99 Jahre erworben und durch Erlaß vom 27. April 1898 unter kaiserlichen Schutz gestellt worden.

VII. Samoa hat auf Grund der Generalakte der Samoakonferenz in Berlin vom 14. Juni 1889 in gemeinsamem Protektorate des Deutschen Reiches, Englands und der Vereinigten Staaten von Amerika gestanden.

1. Durch die deutsch-englische Konvention vom 14. November 1899 und durch den Vertrag der drei Signatarmächte vom 2. Dezember 1899 ist das Gebiet geteilt worden.

2. Das Deutsche Reich hat die Inseln erhalten, welche westlich vom 171. Längengrade von Greenwich liegen; Schutzgewalt des Reiches seit dem 17. Februar 1900.

3. Kapitel.

Die Organe des Reiches.

§ 13. **Der Bundesrat** besteht aus den Vertretern der 25 Mitglieder des Bundes, R 6.

I. Die Mitglieder des Bundesrates sind Bevollmächtigte ihrer Regierungen; sie erhalten Instruktionen, auf Grund deren sie im Bundesrate tätig werden.

Die Bevollmächtigten zum Bundesrate sind als solche nicht Diplomaten; den nichtpreussischen Bevollmächtigten wird gemäss R 10 vom Kaiser der übliche diplomatische Schutz gewährt.

Inkompatibilität: niemand darf gleichzeitig Mitglied des Bundesrates und des Reichstages sein.

1. Vorsitzender des Bundesrates ist gemäß R 15 der Reichskanzler; er kann sich von jedem anderen Mitgliede im Wege schriftlicher Substitution vertreten lassen.

Ueber die Vertretung durch Bayern siehe w. o. S. 4.

2. Im Bundesrate besteht Pluralstimmsystem, d. h. einzelnen Staaten kommt mehr als eine Stimme zu. — Preußen hat 17, Bayern 6, Sachsen 4, Württemberg 4, Baden 3, Hessen 3, Mecklenburg-Schwerin 2, Braunschweig 2 Stimmen; alle übrigen haben je eine Stimme.

Die 17 preussischen Stimmen entsprechen der Stimmführung im alten Deutschen Bunde: Preussen hatte 4, Hannover 4, Holstein 3, Kurhessen 3, Nassau 2, Frankfurt 1 Stimme.

Bayern hat statt 4 Stimmen 6 erhalten, wie sie ihm schon im Zollbundesrate bewilligt worden waren.

a) Insgesamt werden im Bundesrate 58 Stimmen geführt. Ein Einzelstaat, dem mehrere Stimmen zustehen, darf diese Stimmen nur einheitlich abgeben.

b) Jeder Einzelstaat darf so viel Bevollmächtigte ernennen, als er Stimmen führt.

Elsass-Lothringen führt keine Stimme, da es kein Einzelstaat ist. Es hat Beratungsrecht.

3. Jedes Bundesratsmitglied hat das Recht, im Reichstage zu erscheinen und dort jederzeit zu reden, auch wenn seine Regierung im Bundesrate überstimmt ist.

II. Die Tätigkeit des Bundesrates wird in Versammlungen der Bevollmächtigten und in Ausschüssen erledigt.

Der Sitzungssal des Bundesrates befindet sich im Reichsamte des Innern, Wilhelmstrasse 74.

1. Der Bundesrat prüft die Legitimation der Bevollmächtigten und gibt sich selbst eine Geschäftsordnung.

Die Geschäftsordnung des Bundesrates vom 27. Februar 1871 ist unterm 26. April 1880 revidiert worden. Sie besteht aus fünf Abschnitten, in denen die Stimmführung, die Beratungsgegenstände, der Geschäftsgang in den Sitzungen, die Ausschüsse und die Formalien behandelt werden.

2. Der Bundesrat tritt periodisch zusammen; er wird vom Kaiser berufen, vertagt, geschlossen.

Der letzte Fall einer Einberufung durch kaiserliche Verordnung ist am 21. August 1883 zu vermerken. Seitdem besteht Kontinuität des Bundesrates, und es wird der Wiederzusammentritt nur durch Bekanntgabe des nächsten Sitzungstages veranlasst.

Die Berufung des Bundesrates ist obligatorisch in drei Fällen:

a) auf Verlangen von mindestens 20 Stimmen;

b) wenn der Reichstag berufen wird;

c) jährlich mindestens einmal.

Der Bundesrat kann ohne den Reichstag tagen, nicht aber der Reichstag ohne den Bundesrat.

3. Anträge im Bundesrate kann jedes Mitglied stellen (Recht der Initiative). — Keine Beschlußfähigkeitsziffer. — Nicht vertretene oder nicht instruierte Stimmen werden nicht gezählt. — Bei Stimmengleichheit entscheidet die Stimme des Präsidiums.

a) Zu einem Beschlusse des Bundesrates genügt im allgemeinen einfache Stimmenmehrheit; jedoch bestehen folgende Ausnahmen:

α) Verfassungsänderungen gelten als abgelehnt, wenn sich im Bundesrate 14 Stimmen dagegen erklären, R 78, Abs. 1.

β) Ein einfacher Mehrheitsbeschluß genügt in vier Fällen nicht, sondern die Stimme des Präsidiums muß in diesem Mehrheitsbeschlusse enthalten sein (R 5, Abs. 2), wenn es sich handelt um Beschlüsse über:

1. Gesetzesvorschläge, welche Aenderungen in den bestehenden Einrichtungen des Militärwesens und der Kriegsmarine herbeiführen,

2. Gesetzesvorschläge, welche Aenderungen im Zollwesen oder in der Besteuerung des im Bundesgebiete gewonnenen Salzes und Tabaks, bereiteten Branntweins und Biers und aus Rüben oder anderen inländischen Erzeugnissen dargestellten Zuckers und Sirups herbeiführen,

3. die Auflösung des Reichstages während der Dauer der Legislaturperiode,

4. Vorschläge auf Abänderung der Verwaltungsvorschriften und Einrichtungen, welche zur Ausführung der unter Nr. 2 bezeichneten Gesetze sowie derjenigen gesetzlichen Bestimmungen bestehen, welche den gegenseitigen Schutz der in den Einzelstaaten erhobenen Verbrauchsabgaben gegen Hinterziehungen oder die Massregeln betreffen, die in den Zollausschlüssen zur Sicherung der gemeinsamen Zollgrenze erforderlich sind.

γ) Bei der Beschlußfassung über eine Angelegenheit, die nicht dem ganzen Reiche gemeinschaftlich ist, werden die Stimmen nur derjenigen Einzelstaaten gezählt, welchen die Angelegenheit gemeinschaftlich ist (itio in partes).

Beispiel Ein Postgesetzentwurf wird im Bundesrate verhandelt. Bayern und Württemberg stimmen nicht mit, da die entsprechenden Massnahmen Gegenstand der Verhandlungen ihrer Landtage sind. — Bei der Beschlussfassung über die braunschweigische Frage stimmt Braunschweig nicht mit.

b) Diejenigen Vorschriften der R, durch welche bestimmte Rechte von Einzelstaaten in deren Verhältnis zur Gesamtheit festgestellt sind, können nur mit Zustimmung des berechtigten Einzelstaates abgeändert werden, R 78, Abs. 2.

III. Zur regelmäßigen Erledigung der Geschäfte bestehen zwölf dauernde Ausschüsse des Bundesrates.

Durch die R sind acht eingesetzt worden, von denen die sieben ersten bereits in der Norddeutschen Bundesverfassung genannt waren. Die weiteren vier Ausschüsse sind teils durch § 17 der Geschäftsordnung, teils durch einen besonderen Beschluss hinzugekommen.

Es bestehen Ausschüsse für:

1. das Landheer und die Festungen,
2. das Seewesen,
3. Zoll- und Steuerwesen,
4. Handel und Verkehr,
5. Eisenbahn, Post und Telegraphen,
6. Justizwesen,
7. Rechnungswesen,
8. die auswärtigen Angelegenheiten,
9. Elsaß-Lothringen,
10. die Verfassung,
11. die Geschäftsordnung,
12. das Eisenbahn-Gütertarifwesen.

In den ersten sieben Ausschüssen ist das Präsidium nebst mindestens vier Einzelstaaten vertreten, jeder Staat hat nur eine Stimme. Die Mitglieder der Ausschüsse 3 bis 7 werden vom Bundesrate gewählt. Im Ausschusse für Landheer und Festungen hat Bayern, Württemberg und Sachsen einen ständigen Sitz, die anderen Mitglieder und ausserdem die des Ausschusses für das Seewesen ernennt der Kaiser.

Der Ausschuss für die auswärtigen Angelegenheiten wird von den Bevollmächtigten Bayerns (Vorsitz), Sachsens, Württembergs sowie zwei vom Bundesrate alljährlich zu wählenden Bevollmächtigten anderer Einzelstaaten gebildet. Preussen hat keinen Sitz darin.

IV. Der Bundesrat beschließt:

1. über die dem Reichstage zu machenden Vorlagen und die von diesem gefaßten Beschlüsse;

2. über die zur Ausführung der Reichsgesetze erforderlichen allgemeinen Verwaltungsvorschriften und Einrichtungen, sofern nicht durch Reichsgesetz etwas anderes bestimmt ist;

3. über Mängel, welche bei der Ausführung der Reichsgesetze oder der vorstehend erwähnten Vorschriften oder Einrichtungen hervortreten.

Als Organ der Rechtspflege ist der Bundesrat zuständig:

1. bei Streitigkeiten nicht privatrechtlicher Natur zwischen Einzelstaaten auf Anrufen des einen Teiles, R 76, Abs. 1;

2. bei Verfassungsstreitigkeiten in solchen Einzelstaaten, in deren Verfassung nicht eine Behörde zur Entscheidung solcher Streitigkeiten bestimmt ist, auf Anrufen eines Teiles, R 76, Abs. 2;

3. wenn in einem Einzelstaate der Fall einer Justizverweigerung eintritt und auf gesetzlichen Wegen ausreichende Hilfe nicht erlangt werden kann, R 77.

§ 14. Deutscher Kaiser ist der König von Preußen. Ihm steht gemäß R 11, Abs. 1 das Präsidium des Bundes zu. Sein Recht ist nicht vom Bundesrate, sondern von der Gesamtheit der verbündeten Regierungen herzuleiten.

I. Der Kaisertitel wird nur bei der Erledigung von Reichsangelegenheiten geführt. Ehrenrechte des Kaisers sind das kaiserliche Wappen und die kaiserliche Standarte.

1. Der Kaiser hat keine Zivilliste. Im Etat des Reiches wird alljährlich ein Dispositionsfonds zu Gnadenbewilligungen ausgeworfen.

2. Der Kaiser ist in seiner Eigenschaft als König von Preußen unverantwortlich. Seine Regierungsakte bedürfen zu ihrer Gültigkeit der Gegenzeichnung.

Die Gegenzeichnung erfolgt durch den Reichskanzler oder einen Staatssekretär.

3. Der Kaiser genießt einen erhöhten strafrechtlichen Schutz.

4. Der Erwerb der Kaiserwürde, die Regentschaft, eine Regierungsstellvertretung im Reiche richten sich nach preußischem Staatsrechte.

II. Der Kaiser ist nicht der Souverän des Deutschen Reiches, sondern Mitglied des Reiches und dessen Organ. Seine Regierungsrechte erstrecken sich auf alle Gebiete der Tätigkeit des Reiches.

1. An der Gesetzgebung nimmt der Kaiser durch die Ausfertigung und Verkündigung der Reichsgesetze und durch Berufung von Bundesrat und Reichstag teil. Der Kaiser hat teils auf Grund besonderer Bestimmung, teils generell das Verordnungsrecht. Ihm steht die Ueberwachung der Reichsgesetze zu.

Der Kaiser hat generell das Verordnungsrecht in Angelegenheiten von Heer, Marine, Post, Telegraphie, indirekten Steuern (R 35), Konsulatswesen.

2. Der Kaiser ist das Haupt der Reichsregierung; er ernennt und entläßt den Reichskanzler und die Reichsbeamten. Er ist Oberfeldherr des Heeres und hat den Oberbefehl über die Marine.

3. Der Kaiser vertritt das Reich, namentlich in völkerrechtlichen Beziehungen.

§ 15. Der Reichstag hat das Recht der Mitwirkung bei der Gesetzgebung und Feststellung des Etats, der Genehmigung gewisser

Staatsverträge, die Kontrolle der Verwaltung. Er hat das Recht der Initiative, er kann Resolutionen fassen, Interpellationen und Adressen an die Regierung richten sowie Petitionen annehmen und weitergeben.

I. Der Reichstag ist eine Vertretung des gesamten deutschen Volkes; daher findet keine itio in partes statt. — Der Reichstag besteht aus 397 Abgeordneten, welche auf Grund des Wahlgesetzes vom 31. Mai 1869 in unmittelbarer und geheimer Wahl gewählt werden.

1. Wähler ist jeder Deutsche, welcher das fünfundzwanzigste Lebensjahr zurückgelegt hat, in dem Einzelstaate, wo er seinen Wohnsitz hat. — Jeder darf nur an einem Orte wählen.

a) Das Wahlrecht ruht:

α) für Personen des Soldatenstandes des Heeres und der Marine so lange, als sie sich bei der Fahne befinden;

β) für denjenigen, der sich zur Zeit der Wahl nicht in dem Wahlbezirke seines Wohnsitzes aufhält;

γ) für denjenigen, der nicht in die Wahlliste eingetragen ist.

b) Von der Berechtigung zum Wählen sind ausgeschlossen:

α) Personen, welche unter Vormundschaft oder Pflegschaft stehen;

β) Personen, über deren Vermögen Konkurs eröffnet worden ist (während der Dauer des Konkurses);

γ) Personen, welche eine Armenunterstützung aus öffentlichen oder Gemeindemitteln beziehen oder im letzten der Wahl vorhergegangenen Jahre bezogen haben (siehe jedoch w. o. Seite 8);

δ) Personen, denen die bürgerlichen Ehrenrechte entzogen sind (für die Zeit der Entziehung).

Der Unterschied ist genau zu beachten:

1. Ruht das Wahlrecht, so fehlt die aktive Wahlberechtigung; dagegen besteht das passive Wahlrecht weiter, z. B. kann ein Soldat gewählt werden.

2. Ist jemand vom Wahlrechte ausgeschlossen, so fehlt es sowohl aktiv als auch passiv.

2. Wählbar zum Abgeordneten ist im ganzen Bundesgebiete jeder Deutsche, welcher das fünfundzwanzigste Lebensjahr zurückgelegt und einem Einzelstaate seit mindestens einem Jahre angehört hat, sofern er nicht von der Berechtigung zum Wählen ausgeschlossen ist.

Auf je 100 000 Seelen soll (1869) ein Abgeordneter kommen; daher betrug die Zahl der Abgeordneten 397; es kommen auf Preussen 236, Bayern 48, Sachsen 23, Württemberg 17, Elsass-Lothringen 15, Baden 14, Hessen 9, Mecklenburg-Schwerin 6, Sachsen-Weimar 3, Oldenburg 3, Braunschweig 3, Hamburg 3, Sachsen-Meiningen 2, Sachsen-Coburg-Gotha 2, Anhalt 2, alle übrigen je 1. — Trotz der Zunahme der Bevölkerung sind die Wahlkreise und die Zahl der Abgeordneten beibehalten worden.

3. Jeder Abgeordnete wird in einem besonderen Wahlkreise gewählt.

Jeder Wahlkreis wird zum Zwecke der Stimmabgabe in kleinere Bezirke geteilt, welche möglichst mit den Ortsgemeinden zusammenfallen sollen, sofern nicht bei volkreichen Ortsgemeinden eine Unterabteilung erforderlich wird. — Für den Bezirk werden Wahllisten angelegt, welche spätestens vier Wochen vor dem Wahltage zur Einsicht ausliegen. — Einsprachen gegen die Listen sind binnen acht Tagen nach Beginn der Auslegung bei der Behörde, welche die Bekanntmachung erlassen hat, anzubringen und innerhalb der nächsten vierzehn Tage zu erledigen; hierauf werden die Listen geschlossen. — Bei einzelnen Neuwahlen, welche innerhalb eines Jahres nach der letzten allgemeinen Wahl stattfinden, bedarf es einer neuen Aufstellung und Auslegung der Wahllisten nicht.

4. Die Wahlhandlung sowie die Ermittelung des Wahlergebnisses sind öffentlich. Die Funktion der Vorsteher, Beisitzer und Protokollführer bei der Wahlhandlung in den Wahlbezirken und der Beisitzer bei der Ermittelung des Wahlergebnisses in den Wahlkreisen ist ein unentgeltliches Ehrenamt und kann nur von Personen ausgeübt werden, welche kein unmittelbares Staatsamt bekleiden.

a) Das Wahlrecht wird in Person durch verdeckte, in eine Wahlurne niederzulegende Stimmzettel ohne Unterschrift ausgeübt. Die Stimmzettel müssen von weißem Papier und dürfen mit keinem äußeren Kennzeichen versehen sein.

Der Wähler legt seinen Zettel unbeobachtet (in einem Nebenraum oder hinter einem Verschlage) in einen amtlich abgestempelten, undurchsichtigen Umschlag und tut ihn (nach Feststellung seiner Persönlichkeit) in die Urne.

b) Die Wahl ist direkt. Sie erfolgt durch absolute Stimmenmehrheit aller in einem Wahlkreise abgegebenen Stimmen. Stellt bei einer Wahl eine absolute Stimmenmehrheit sich nicht heraus, so ist nur unter den zwei Kandidaten zu wählen, welche die meisten Stimmen erhalten haben. Bei Stimmengleichheit entscheidet das Los.

c) Über die Gültigkeit oder Ungültigkeit der Wahlzettel entscheidet mit Vorbehalt der Prüfung des Reichstages allein der Vorstand des Wahlbezirkes nach Stimmenmehrheit seiner Mitglieder.

Die ungültigen Stimmzettel sind zum Zwecke der Prüfung durch den Reichstag dem Wahlprotokoll beizufügen. Die gültig befundenen bewahrt der Vorsteher der Wahlhandlung in dem Wahlbezirke so lange versiegelt auf, bis der Reichstag die Wahl definitiv für gültig erklärt hat.

5. Die allgemeinen Wahlen sind im ganzen Bundesgebiete an dem von dem Kaiser bestimmten Tage vorzunehmen.

Ueber den Hergang bei der Wahl bestimmt das Nähere ein vom Bundesrate erlassenes Wahlreglement vom 28. Mai 1870, abgeändert unterm 28. April 1903. Die Abänderung des Wahlreglements bedarf der Zustimmung des Reichstages.

6. Die Ermittelung des Wahlergebnisses geschieht durch den Wahlkommissar auf Grund der an ihn gelangten Protokolle der einzelnen Bezirke. Der Gewählte wird vom Wahlkommissar von der erfolgten Wahl benachrichtigt und zur Erklärung über die Annahme sowie zum Nachweise der zur Wählbarkeit erforderlichen Eigenschaften aufgefordert.

Annahme unter Protest oder Vorbehalt sowie Ausbleiben der Erklärung binnen acht Tagen gilt als Ablehnung.

7. Man unterscheidet:

a) Hauptwahl, d. h. die Wahl bei vollständiger Erneuerung des Reichstages (infolge Ablaufes der Legislaturperiode oder infolge von Auflösung).

b) Stichwahl, d. h. die engere Wahl unter den beiden meistbegünstigten Kandidaten, von denen jedoch keiner die absolute Majorität erhalten hat.

c) Nachwahl, d. h. die (wegen Doppelwahl desselben Kandidaten in mehreren Bezirken) erforderliche Wahl in denjenigen Wahlkreisen, in welchen er das Mandat nicht angenommen hat.

d) Ersatzwahl, d. h. die wegen Wegfalls des Abgeordneten (z. B. durch Tod) erforderlich werdende neue Wahl.

II. Das Mandat erlischt durch Tod, Niederlegung, strafgerichtliche Verurteilung, welche mit dem Verluste der aus öffentlichen Wahlen hervorgegangenen Rechte verbunden ist, durch Eintritt in den Bundesrat, in ein besoldetes Amt oder durch Versetzung in ein Amt mit höherem Range und Gehalte.

Das Mandat sämtlicher Abgeordneten erlischt mit der Beendigung der Legislaturperiode und mit der Auflösung des Reichstages.

Die Mitglieder des Bundesrates sind wählbar, die auf sie lautenden Stimmzettel sind gültig; der Gewählte muss jedoch vor der Annahme der Wahl aus dem Bundesrate ausscheiden.

1. Die Abgeordneten sind nach R 29 Vertreter des gesamten Volkes und an Aufträge und Instruktionen nicht gebunden.

a) Der Abgeordnete hat nicht ein imperatives Mandat, d. h. er kann nicht rechtsgültig verpflichtet werden, einer bestimmten Partei anzugehören oder sein Mandat in einem bestimmten Sinne auszuüben.

b) Kein Mitglied des Reichstages darf zu irgendeiner Zeit wegen seiner Abstimmung oder wegen der in Ausübung seines Berufes getanen Aeusserungen gerichtlich oder disziplinarisch verfolgt oder sonst ausserhalb der Versammlung zur Verantwortung gezogen werden, R 30. Hierunter fällt nicht das Recht, das Zeugnis zu verweigern. — Für die Landtagsabgeordneten gewährt S 11 die Immunität in bezug auf die Abstimmung oder die in Ausübung des Abgeordnetenberufes getane Aeusserung.

c) Ohne Genehmigung des Reichstages kann kein Mitglied während der Sitzungsperiode wegen einer mit Strafe bedrohten Handlung zur Untersuchung gezogen oder verhaftet werden, ausser wenn es bei Ausübung der Tat oder im Laufe des nächstfolgenden Tages ergriffen wird, R 31, Abs. 1. Die gleiche Genehmigung ist bei der Verhaftung eines Abgeordneten wegen Schulden erforderlich, R 31, Abs. 2; Z 904.

d) Auf Verlangen des Reichstages wird jedes Strafverfahren gegen ein Mitglied und jede Untersuchungs- oder Zivilhaft für die Dauer der Sitzungsperiode aufgehoben. — Die Strafvollstreckung wird durch R 31 nicht berührt; die Vollstreckungsbehörde kann jedoch Strafaufschub bewilligen. — Die Verfolgungsverjährung ruht in der Zeit, in welcher sie gegen den Abgeordneten nicht begonnen oder nicht fortgesetzt werden kann; S 69 in der Fassung der lex Ahlwardt vom 26. März 1893.

2. Die Mitglieder des Reichstages dürfen als solche keine Besoldung beziehen; R 32. Es wird ihnen auf Grund des Gesetzes vom 21. Mai 1906 eine Entschädigung gewährt, deren Auszahlung die Anwesenheit des Abgeordneten im Reichstage voraussetzt.

Das Aufwandspauschale mit Abwesenheitsabzügen wird folgendermassen verrechnet. Für jeden Abgeordneten werden 3000 Mk. ausgeworfen. Hiervon erhält er: im November 200 Mk., im Dezember 300 Mk., im Januar 400 Mk., im Februar 500 Mk., im März 600 Mk., bei Vertagung oder Schluss 1000 Mk. — Diese Beträge sind steuerpflichtig.

Der Abgeordnete weist seine Anwesenheit durch Eintragung in eine Anwesenheitsliste nach; er gilt gleichwohl als nicht anwesend, wenn er bei einer namentlichen Abstimmung gefehlt hat. Für das Fehlen bei einer namentlichen Abstimmung werden 20 Mk. abgezogen.

3. Jeder Abgeordnete hat während der Sitzungsperiode und acht Tage vor Beginn und nach Schluß freie Fahrt erster Klasse auf allen deutschen Eisenbahnen, während der Zeit einer Vertagung gilt dies ebenfalls.

III. Der Reichstag wird durch den Kaiser berufen, eröffnet, vertagt, geschlossen.

1. Die Berufung erfolgt alljährlich; eine außerordentliche Berufung findet nach kaiserlichem Ermessen statt.

2. Eine Vertagung darf ohne Zustimmung des Reichstages nicht über dreißig Tage und nicht in derselben Session noch einmal erfolgen.

Für den Fall einer Vertagung gilt Kontinuität, d. h. die Geschäfte des Reichstages werden in der Lage, in der sie sich vor der Vertagung befanden, aufgenommen. Insbesondere bleiben die Drucksachen des Reichstages, Vorlagen, Anträge, auch für die weitere Verhandlung massgebend.

3. Die Schließung des Reichstages erfolgt nach Beendigung der Sitzungsperiode oder der fünfjährigen Legislaturperiode.

Für die Schließung einer Sitzungsperiode gilt Diskontinuität, d. h. es bedarf einer neuen Einberufung durch den Kaiser, der Konstituierung durch Wahl des Präsidiums, des Neudruckes der noch nicht erledigten Vorlagen.

Legislaturperiode heißt der Zeitraum von den allgemeinen Wahlen bis zum Ablaufe von fünf Jahren, eventuell bis zur Auflösung. — Sitzungsperiode ist der Teil einer Legislaturperiode, der mit einer Schließung des Reichstages beendet wird.

4. Zur Auflösung des Reichstages innerhalb der Legislaturperiode ist kaiserliche Verordnung auf Grund eines Bundesratsbeschlusses erforderlich. — Wird der Reichstag aufgelöst, so müssen innerhalb von 60 Tagen seit der Auflösung die Neuwahlen erfolgen, und innerhalb von 90 Tagen seit der Auflösung muß der Reichstag versammelt sein.

IV. Der Reichstag tritt bei dem Beginne einer neuen Legislaturperiode unter dem Vorsitze des Alterspräsidenten, bei späteren Sitzungsperioden unter dem früheren Präsidenten zur ersten Sitzung zusammen.

1. Es erfolgt zunächst die Wahl des Präsidiums. Durch Los wird der Reichstag in sieben Abteilungen geteilt, diese prüfen die Legitimation der Mitglieder, die Definitiventscheidung hat das Plenum.

2. Die Leitung der Verhandlungen und die Ausübung der Sitzungsdisziplin geschieht durch den Präsidenten.

3. Die Verhandlungen sind öffentlich; nach der Geschäftsordnung kann eine geheime Sitzung auf Antrag des Präsidenten oder von wenigstens zehn Mitgliedern anberaumt werden. In einer solchen Sitzung kann jedoch nicht ein gültiger Beschluss gefasst werden.

4. Die Beschlussfassung erfolgt mit absoluter Mehrheit; bei Stimmengleichheit gilt ein Antrag als abgelehnt. Die Beschlussfähigkeitsziffer (Quorum) beträgt 199.

5. Das Präsidium besteht aus dem Präsidenten, zwei Vizepräsidenten und acht Schriftführern. Der Präsident ernennt für das Rechnungswesen zwei Quästoren.

Die Wahl der Kommissionen für die einzelnen Angelegenheiten erfolgt durch die Abteilungen, in Wirklichkeit durch die Fraktionen.

4. Kapitel.

Die Funktionen des Reiches.

§ 16. **Die Gesetzgebung** wird durch den Bundesrat und den Reichstag ausgeübt. Die Übereinstimmung der Mehrheitsbeschlüsse beider Versammlungen ist zu einem Reichsgesetze erforderlich und ausreichend, R 5.

1. Die Herstellung des Gesetzesinhaltes erfolgt durch den Bundesrat und den Reichstag gemeinsam. Der Gesetzesbefehl (die Sanktion) wird durch den Bundesrat erteilt.

2. Der Kaiser ist nicht an der Herstellung des Gesetzesinhaltes beteiligt, er hat insbesondere nicht die Sanktion der Reichsgesetze. Er hat die verfassungsmäßig zustande gekommenen Gesetze auszufertigen und zu publizieren, R 17.

Ausfertigung ist die Herstellung einer Urkunde, welche das Gesetz mit der Unterschrift des Kaisers und der Gegenzeichnung des Reichskanzlers enthält. — Die Publikation der Reichsgesetze erfolgt im Reichsgesetzblatte. Den Geltungsbeginn bestimmt das Gesetz selbst; mangels einer solchen Bestimmung tritt das Gesetz mit dem vierzehnten Tage nach dem Ablaufe desjenigen Tages in Kraft, an welchem das betreffende Stück des Reichsgesetzblattes in Berlin ausgegeben worden ist; deshalb wird auf jedem Stück des RGBl der Ausgabetag vermerkt.

II. Der Weg der Gesetzgebung kann zu den verschiedensten Zwecken verwendet werden, insbesondere auch zur Festlegung von Verwaltungsnormen; man unterscheidet:

1. Gesetz im formellen Sinne ist jede in Gesetzesform zustande gekommene und als Gesetz verkündigte Anordnung der gesetzgebenden Organe, d. h. also nur das im Reichsgesetzblatt publizierte Gesetz.

2. Gesetz im materiellen Sinne ist jede von den Organen eines Gemeinwesens gegebene, allgemeine Vorschriften enthaltende, rechtsverbindliche Anordnung, also z. B. auch Verordnungen, Staatsverträge, falls sie Rechtsnormen enthalten.

III. Kompetenz der Reichsgesetzgebung.

Der Beaufsichtigung seitens des Reiches und der Gesetzgebung desselben unterliegen gemäss R 4 die nachstehenden Angelegenheiten:

1. die Bestimmungen über Freizügigkeit, Heimats- und Niederlassungsverhältnisse, Staatsbürgerrecht, Passwesen und Fremdenpolizei und über den Gewerbebetrieb, einschliesslich des Versicherungswesens, soweit diese Gegenstände nicht schon durch R 3 erledigt sind, in Bayern jedoch mit Ausnahme der Heimats- und Niederlassungsverhältnisse, desgleichen über die Kolonisation und die Auswanderung nach ausserdeutschen Ländern;

2. die Zoll- und Handelsgesetzgebung und die für die Zwecke des Reiches zu verwendenden Steuern;

3. die Ordnung des Mass-, Münz- und Gewichtssystems, nebst Feststellung der Grundsätze über die Emission von fundiertem und unfundiertem Papiergelde;

4. die allgemeinen Bestimmungen über das Bankwesen;

5. die Erfindungspatente;

6. der Schutz des geistigen Eigentums;

7. Organisation eines gemeinsamen Schutzes des deutschen Handels im Auslande, der deutschen Schiffahrt und ihrer Flagge zur See und Anordnung gemeinsamer konsularischer Vertretung, welche vom Reiche ausgestattet wird;

8. das Eisenbahnwesen, in Bayern vorbehaltlich der Bestimmung in R 46, und die Herstellung von Land- und Wasserstrassen im Interesse der Landesverteidigung und des allgemeinen Verkehrs;

9. der Flösserei- und Schiffahrtsbetrieb auf den mehreren Staaten gemeinsamen Wasserstrassen und der Zustand der letzteren, sowie die Fluss- und sonstigen Wasserzölle, desgleichen die Seeschiffahrtszeichen (Leuchtfeuer, Tonnen, Baken und sonstige Tagesmarken);

10. das Post- und Telegraphenwesen, jedoch in Bayern und Württemberg nur nach Massgabe der Bestimmung in R 52;

11. Bestimmungen über die wechselseitige Vollstreckung von Erkenntnissen in Zivilsachen und Erledigungen von Requisitionen überhaupt;

12. sowie über die Beglaubigung von öffentlichen Urkunden;

13. die gemeinsame Gesetzgebung über das gesamte bürgerliche Recht, das Strafrecht und das gerichtliche Verfahren;

14. das Militärwesen des Reiches und die Kriegsmarine;

15. Massregeln der Medizinal- und Veterinärpolizei;

16. die Bestimmungen über die Presse und das Vereinswesen.

Diese Aufzählung in R 4 ist nicht vollständig; insbesondere ist die Zuständigkeit des Reiches im Wege der Verfassungsänderung erweitert worden.

1. Zur Erlassung eines Reichsgesetzes ist die einfache Mehrheit im Bundesrate und im Reichstage erforderlich. Ausnahmen hiervon bestehen nur für den Bundesrat, siehe w. o. Seite 13.

Die Reichsgesetzgebung ist entweder ausschliesslich, oder sie konkurriert mit der Landesgesetzgebung. Daher ist zu unterscheiden:

a) eine ausschliessliche Kompetenz des Reiches, z. B. in eigentlichen Reichsangelegenheiten, auf den Gebieten des Militärwesens und des Zollwesens;

b) eine ausschliessliche Kompetenz der Einzelstaaten überall da, wo das Reich nicht für kompetent erklärt ist oder sich erklärt hat, z. B. auf dem Gebiete des Verwaltungsrechtes;

c) eine konkurrierende Kompetenz des Reiches und der Einzelstaaten z. B. in einzelnen Teilen des bürgerlichen Rechtes, bei Rechtshilfe. Hier ist die Landesgesetzgebung so lange zuständig, bis das Reich die Materie ausschliesslich geregelt hat.

Findet eine umfassende Regelung durch das Reich statt, so gilt das Kodifikationsprinzip, d. h. das Reich hat alles geregelt, die Landesgesetzgebung darf nicht ergänzen, abändern oder interpretieren, bestätigen. — R 2 Satz 1: Innerhalb dieses Bundesgebietes übt das Reich das Recht der Gesetzgebung nach Massgabe des Inhalts dieser Verfassung und mit der Wirkung aus, dass die Reichsgesetze den Landesgesetzen vorgehen.

2. Die Reichsverordnungen können Rechtsverordnungen und Verwaltungsverordnungen sein.

Notverordnungen sind im Reiche unzulässig. — Zur Erlassung einer Rechtsverordnung ist diejenige Stelle befugt, welcher durch die Verfassung oder durch ein Reichsgesetz das Verordnungsrecht eingeräumt ist.

§ 17. **Die Verwaltung** untersteht in allen Zweigen dem Kaiser; er ernennt den Reichskanzler, welchem der Vorsitz im Bundesrate und die Leitung der Bundesratsgeschäfte zusteht, R 15, Abs. 1.

Der Reichskanzler ist kraft der Verfassung Vorsitzender des Bundesrates. Er kann sich durch jedes andere Mitglied des Bundesrates vermöge schriftlicher Substitution vertreten lassen.

I. Die Anordnungen und Verfügungen des Kaisers bedürfen zu ihrer Gültigkeit der Gegenzeichnung des Reichskanzlers, welcher dadurch die Verantwortlichkeit übernimmt. Der Kanzler ist daher einziger Reichsminister.

Nur in bezug auf Elsass-Lothringen besteht eine Ausnahme, da der Statthalter die Stellung eines Kanzlers versieht.

Keiner Gegenzeichnung bedürfen Armeebefehle, die in Ausübung der Kommandogewalt ergehen, und persönliche Aeusserungen des Kaisers.

Dem Reichskanzler können auf Grund des Reichsgesetzes, betreffend die Stellvertretung des Reichskanzlers, vom 17. März 1878, Vertreter bestellt werden. Das Stellvertretungsgesetz ordnet folgendes an:

a) Die Gegenzeichnung des Reichskanzlers sowie seine sonstigen Obliegenheiten können durch Stellvertreter wahrgenommen werden, welche der Kaiser auf Antrag des Reichskanzlers für den Fall seiner Behinderung ernennt.

b) Es kann ein Stellvertreter:

α) allgemein für den gesamten Umfang der Geschäfte und Obliegenheiten des Reichskanzlers ernannt werden (Generalstellvertreter oder Vizekanzler, gewöhnlich der Staatssekretär des Innern);

β) für diejenigen einzelnen Amtszweige, welche sich in der eigenen und unmittelbaren Verwaltung des Reiches befinden, ernannt werden. Hiernach können die Vorstände der dem Reichskanzler untergeordneten obersten Reichsbehörden mit der Stellvertretung im ganzen Umfange oder in einzelnen Teilen ihres Geschäftskreises beauftragt werden.

Dem Reichskanzler ist vorbehalten, jede Amtshandlung auch während der Dauer seiner Stellvertretung selbst vorzunehmen; die Staatssekretäre haben daher nicht die Stellung von Ministern.

II. Der Kaiser ernennt die Reichsbeamten, läßt sie für das Reich vereidigen und verfügt erforderlichenfalls deren Entlassung.

1. Reichsbeamter ist, wer vom Kaiser oder im Namen des Kaisers für den Dienst des Reiches angestellt ist. Für die Rechtsverhältnisse der Reichsbeamten gilt das Reichsbeamtengesetz vom 31. März 1873.

2. Mittelbarer Reichsbeamter ist ein Landesbeamter, der verfassungsgemäß verpflichtet ist, den Anordnungen des Kaisers Folge zu leisten.

Die von den Regierungen der Einzelstaaten (mit Ausnahme von Bayern und Württemberg) ernannten Post- und Telegraphenbeamten, sowie die von den Einzelstaaten (ausser Bayern) ernannten Militärbeamten sind mittelbare Reichsbeamte.

§ 18. **Der Verkehr mit fremden Staaten** wird sowohl vom Reiche als auch von den Einzelstaaten gepflegt.

I. Der Kaiser ist der legitimierte Vertreter des Deutschen Reiches nach außen. Der Kaiser hat das Reich völkerrechtlich zu vertreten, im Namen des Reiches Krieg zu erklären und Frieden zu schließen, Bündnisse und andere Verträge mit fremden Staaten einzugehen, Gesandte zu beglaubigen und zu empfangen, R 11, Abs. 1.

1. Zur Erklärung des Krieges im Namen des Reiches ist die Zustimmung des Bundesrates erforderlich, es sei denn, daß ein Angriff auf das Bundesgebiet oder dessen Küsten erfolgt, R 11, Abs. 2.

2. Der Kaiser ist legitimiert, Staatsverträge für das Reich abzuschließen.

Staatsvertrag ist ein Vertrag, dessen Kontrahenten Staaten sind. Ein Gegensatz zwischen staatsrechtlichen und völkerrechtlichen Verträgen besteht nicht Es kann nur unterschieden werden, ob ein Staatsvertrag staatsrechtliche, d. h. auch die Untertanen treffende Wirkungen hat, oder ob er lediglich völkerrechtliche Wirkungen hat, d. h. solche, welche ausschliesslich den Staat als solchen angehen.

Insoweit die Verträge mit fremden Staaten sich auf solche Gegenstände beziehen, welche nach R 4 in den Bereich der Reichsgesetzgebung gehören, ist zu ihrem Abschluß die Zustimmung des Bundesrates und zu ihrer Gültigkeit die Genehmigung des Reichstages erforderlich, R 11 Abs. 3.

a) Der Kaiser hat verfassungsmäßig zu prüfen, ob dem abzuschließenden Vertrage Bundesrat und Reichstag zustimmen sollen.

Die Zustimmung des Bundesrates ist vor der Einleitung der Verhandlungen einzuholen. Die Genehmigung des Reichstages ist nachzusuchen, bevor der nunmehr im Wortlaute vereinbarte Staatsvertrag ratifiziert wird. Ein der Genehmigung des Reichstags entbehrender Vertrag ist nicht ein bloss völkerrechtlicher Vertrag, sondern überhaupt kein Staatsvertrag.

b) Der Staatsvertrag wird in völkerrechtlichen Formen nach staatsrechtlichen Grundsätzen abgeschlossen. Wie der Vertrag abgeschlossen wird, und wer vertragsfähig ist, gibt das Völkerrecht an. Wer als Vertreter der Vertragspartei auftreten kann, und welchen Vertragsinhalt dieser Vertreter verantworten darf, sagt das Staatsrecht.

Zweite Abteilung.

Preußisches Staatsrecht.

§ 19. **Die preußische Verfassungsurkunde** vom 31. Januar 1850 enthält 119 Artikel.

Titel I. Vom Staatsgebiete, V 1, 2.
Titel II. Von den Rechten der Preussen, V 3—42.
Titel III. Vom Könige, V 43—59
Titel IV. Von den Ministern, V 60, 61.
Titel V. Von den Kammern, V 62—85.
Titel VI. Von der richterlichen Gewalt, V 86—97

Titel VII. Von den nicht zum Richterstande gehörigen Staatsbeamten, V 98.

Titel VIII. Von den Finanzen, V 99–104.

Titel IX. Von den Gemeinden, Kreis-, Bezirks- und Provinzialverbänden, V 105.

Allgemeine Bestimmungen, V 106–111.

Uebergangsbestimmungen, V 112–119.

Ueber die Entstehung der V siehe Band **20**.

Literatur: Arndt Kommentar (6. Auflage); von Rönne-Zorn Preussisches Staatsrecht (5. Auflage); H. Schulze Preussisches Staatsrecht; Bornhak Preussisches Staatsrecht; Schwartz Kommentar.

1. Kapitel.

Land und Leute.

§ 20. **Das Staatsgebiet** bildet eine einheitliche Monarchie.

Der frühere Ausdruck „preussische Staaten“ ging auf die Verschiedenheit des Erwerbsgrundes zurück.

Die Grenzen des Staatsgebietes können nur durch ein Gesetz verändert werden.

§ 21. **Die Staatsangehörigen.** V 3 über den Erwerb und Verlust der Staatsangehörigkeit ist durch das Reichsgesetz vom 1. Juni 1870 (w. o. Seite 6) ersetzt worden.

§ 22. **Die Rechte der Preußen** (Grundrechte) sind die folgenden:

1. Alle Preußen sind vor dem Gesetze gleich. Standesvorrechte finden nicht statt. Die öffentlichen Ämter sind, unter Einhaltung der gesetzlichen Bedingungen, für alle dazu Befähigten gleich zugänglich; V 4. — Die Vorrechte der Mediatisierten bleiben bestehen, Gesetz vom 10. Juni 1854.

2. Die persönliche Freiheit ist gewährleistet; V 5, Satz 1.

3. Die Wohnung ist unverletzlich; V 6, Satz 1.

4. Niemand darf seinem gesetzlichen Richter entzogen werden. Ausnahmegerichte und außerordentliche Kommissionen sind unstatthaft; V 7.

5. Das Eigentum ist unverletzlich. Es kann nur aus Gründen des öffentlichen Wohles gegen vorgängige, in dringenden Fällen wenigstens vorläufig festzustellende Entschädigung nach Maßgabe des Gesetzes entzogen oder beschränkt werden (Enteignung); V 9.

6. Der bürgerliche Tod und die Strafe der Vermögenseinziehung findet nicht statt; V 10.

7. Die Freiheit der Auswanderung kann von Staats wegen nur in bezug auf die Wehrpflicht beschränkt werden. Abzugsgelder (gabella emigrationis) dürfen nicht erhoben werden; V 11.

8. Die Freiheit des religiösen Bekenntnisses, der Vereinigung zu Religionsgesellschaften und der gemeinsamen häuslichen und öffentlichen Religionsübung wird gewährleistet. Der Genuß der bürgerlichen und

staatsbürgerlichen Rechte ist unabhängig von dem religiösen Bekenntnisse. Den bürgerlichen und staatsbürgerlichen Pflichten darf durch die Ausübung der Religionsfreiheit kein Abbruch geschehen; V 12.

9. Die Wissenschaft und ihre Lehre ist frei; V 20.

10. Für die Kinder der Preußen besteht die allgemeine Schulpflicht. Ausländer sind dem Schulzwange nicht unterworfen.

a) Eltern und deren Stellvertreter dürfen ihre Kinder oder Pflegebefohlenen nicht ohne den Unterricht lassen, welcher für die öffentlichen Volksschulen vorgeschrieben ist; V 21, Abs. 2.

b) Unterricht zu erteilen und Unterrichtsanstalten zu gründen und zu leiten, steht jedem frei, wenn er seine sittliche, wissenschaftliche und technische Befähigung den betreffenden Staatsbehörden nachgewiesen hat; V 22.

c) Es besteht staatliche Schulaufsicht auf Grund von V 23 und des Gesetzes vom 11. März 1872.

Schulaufsichtsbehörde in Volksschulsachen ist die Regierung, Abteilung für Kirchen und Schulen; in Berlin ist das Provinzialschulkollegium zuständig. — Gegen die Massnahmen und Entscheidungen der Schulaufsichtsbehörde besteht eine Beschwerde an den Kultusminister. Daneben ist in einzelnen Fällen die Verwaltungsbeschwerde an den Oberpräsidenten oder an den Provinzialrat oder die Verwaltungsklage gegeben. — Für die höheren Schulen ist das Provinzialschulkollegium Aufsichtsinstanz.

d) Bei der Einrichtung der öffentlichen Volksschulen sind die konfessionellen Verhältnisse möglichst zu berücksichtigen. Den religiösen Unterricht in der Volksschule leiten die betreffenden Religionsgesellschaften. Die Leitung der äusseren Angelegenheiten der Volksschule steht der Gemeinde zu. Der Staat stellt unter gesetzlich geordneter Beteiligung der Gemeinden aus der Zahl der Befähigten die Lehrer der öffentlichen Volksschulen an; V 24.

e) Die Mittel zur Errichtung, Unterhaltung und Erweiterung der öffentlichen Volksschulen werden von den Gemeinden und im Falle des nachgewiesenen Unvermögens ergänzungsweise vom Staate aufgebracht; V 25, Abs. 1, Satz 1.

Die Errichtung und Unterhaltung der öffentlichen Volksschulen liegt gemäss § 1 des Gesetzes betreffend die Unterhaltung der öffentlichen Volksschulen vom 28. Juli 1906 den bürgerlichen Gemeinden und selbständigen Gutsbezirken ob.

In der öffentlichen Volksschule wird der Unterricht unentgeltlich erteilt; V 25, Abs. 3.

f) Das Schul- und Unterrichtswesen ist durch Gesetz zu regeln. Bis zu anderweiter gesetzlicher Regelung verbleibt es hinsichtlich des Schul- und Unterrichtswesens bei dem geltenden Recht.

11. Jeder Preuße hat das Recht, durch Wort, Schrift, Druck und bildliche Darstellung seine Meinung frei zu äußern; V 27, Abs. 1.

12. Die Zensur darf nicht eingeführt werden; jede andere Beschränkung der Preßfreiheit nur im Wege der Gesetzgebung; V 27, Abs. 2.

13. Alle Preußen sind berechtigt, sich ohne vorgängige obrigkeitliche Erlaubnis friedlich und ohne Waffen in geschlossenen Räumen zu versammeln; V 29, Abs. 1.

14. Alle Preußen haben das Recht, sich zu solchen Zwecken, welche den Strafgesetzen nicht zuwiderlaufen, in Gesellschaften zu vereinigen; V 30, Abs. 1.

Es galt früher die Verordnung über die Verhütung eines die gesetzliche Freiheit und Ordnung gefährdenden Mißbrauches des Versammlungs- und Vereinigungsrechtes vom 11. März 1850. — Durch das Reichsvereinsgesetz vom 19. April 1908 sind die Vorschriften unter 13 und 14 überholt worden.

15. Das Petitionsrecht steht allen Preußen zu. Petitionen unter einem Gesamtnamen sind nur Behörden und Korporationen gestattet; V 32.

16. Das Briefgeheimnis ist unverletzlich; V 33, Abs. 1.

Durch S 299, C 99, K 121 überholt.

17. Alle Preußen sind wehrpflichtig; V 34, Satz 1.

Überholt durch R 57.

18. Die Errichtung von Lehen ist untersagt; V 40, Abs. 1.

Auf die Thronlehen und die feuda extra curtem finden die Beschränkungen keine Anwendung, V 41.

2. Kapitel.

Der König.

§ 23. **Der König von Preußen** ist Monarch eines konstitutionellen Staates.

I. Der Monarch ist Träger der Staatsgewalt. Er wird durch die Verfassung berufen und leitet daher seine Rechte von keinem anderen Organe her. Über die Einschränkung durch die Teilnahme Preußens am Reiche siehe w. o. Seite 3.

II. Die Rechte des Monarchen sind Regierungsrechte und Majestätsrechte.

1. Die Regierungsrechte dienen der Erfüllung der Staatsaufgaben, insbesondere: Sanktion von Gesetzen, Erlassung von Verordnungen, Leitung der gesamten Verwaltung; der König hat das Recht der Begnadigung und Strafmilderung, ihm steht die Verleihung von Orden und anderen mit Vorrechten nicht verbundenen Auszeichnungen zu; V 50, Abs. 1.

Über die Zivilliste siehe Band **20**.

2. Die Majestätsrechte sind die äußeren Merkmale der königlichen Machtstellung, insbesondere: Majestätstitel, königliches Wappen und Insignien (Zepter und Krone, Schwert, Apfel, Siegel). Ihm kommt die Fürbitte im Kirchengebete und Landestrauer zu.

Über eine Krönung bestimmt die V nichts; sie fand zweimal statt:
1. beim ersten König, Friedrich I., 1701;
2. beim ersten konstitutionellen König, Wilhelm I., 1861.

III. Die Person des Königs ist unverletzlich. Seine Regierungsakte bedürfen zur Gültigkeit der Gegenzeichnung eines Ministers, der hierdurch die Verantwortung übernimmt; V 43.

Keiner Gegenzeichnung bedürfen Armeebefehle und Akte des Summepiskopates; letztere werden vom Präsidenten des Oberkirchenrates in fidem gegengezeichnet.

IV. Die Krone ist, den königlichen Hausgesetzen gemäß, erblich im Mannesstamme des königlichen Hauses nach dem Rechte der Erstgeburt und der agnatischen Linealfolge; V 53.

1. Die königlichen Hausgesetze bilden insoweit, als sie Bestimmungen über die Nachfolge enthalten, einen integrierenden Bestandteil der Verfassung. Ihre Abänderung kann daher nur in denselben Formen erfolgen, in denen die Verfassung geändert wird, und zwar ohne Mitwirkung der Agnaten.

2. Die Beendigung der Regierung erfolgt durch Tod oder freiwillige Entsagung (Thronverzicht, z. B. Kurfürst Friedrich II. 1470).

3. Der Übergang der Regierung erfolgt ipso iure. Es gilt der Satz: Le roi est mort, vive le roi. Folgeberechtigt ist der nächste Agnat, nach dem Rechte der Primogenitur.

Die Kognaten kommen auch dann nicht in Betracht, wenn die Agnaten ausgestorben sind. In diesem Falle würde ein Gesetz erforderlich sein. — Die fürstliche Familie Hohenzollern ist nicht folgeberechtigt, da sie nicht vom primus acquirens abstammt.

V. Der König wird mit Vollendung des achtzehnten Lebensjahres volljährig.

1. Er leistet in Gegenwart der vereinigten Kammern das eidliche Gelöbnis, die Verfassung des Königreiches fest und unverbrüchlich zu halten und in Übereinstimmung mit derselben und den Gesetzen zu regieren.

Friedrich III. (99 Tage: 9. März bis 15. Juni 1888) gab den Eid auf die Verfassung nicht ab, da er infolge der Krankheit nicht vor den vereinigten Kammern erscheinen konnte.

2. Ohne Einwilligung beider Kammern kann der König nicht zugleich Herrscher fremder Reiche sein.

§ 24. Die Vertretung des Königs kann durch einen Regenten oder durch einen Regierungsstellvertreter erfolgen.

I. Eine Regentschaft ist notwendig bei Unfähigkeit des Monarchen zur Regierung oder bei Ungewißheit über die Person des zum Throne Berechtigten.

Die Fälle der Regentschaft sind:

1. wenn der König minderjährig ist;

2. wenn der König sonst dauernd verhindert ist, selbst zu regieren, z. B. wenn er sich in Geisteskrankheit, Gefangenschaft oder dauernder Abwesenheit befindet;

3. wenn als nächster Thronerbe ein nasciturus berufen ist.

II. Regent ist derjenige volljährige Agnat, welcher der Krone am nächsten steht.

Ist kein volljähriger Agnat vorhanden und nicht kraft Gesetzes Fürsorge für diesen Fall getroffen, so hat das Staatsministerium die Kammern zu berufen, welche in vereinigter Sitzung einen Regenten wählen. Bis zum Antritte der Regentschaft seitens des gewählten Regenten führt das Staatsministerium die Regierung (vorläufige Regentschaft).

Der Regent, der als nächster Agnat berufen ist, hat sofort die Kammern zu berufen, die in vereinigter Sitzung über die Notwendigkeit der Regentschaft beschließen.

III. Der Regent übt die dem Könige zustehende Gewalt in dessen Namen, aber kraft eigenen Rechtes, aus; er ist unverletzlich. Er schwört nach der Einrichtung der Regentschaft vor den vereinigten Kammern den Eid, die Verfassung des Königreichs fest und unverbrüchlich zu halten und in Übereinstimmung mit derselben und den Gesetzen zu regieren. Er ist zugleich Regent des Deutschen Reiches.

Bis zu dieser Eidesleistung bleibt in jedem Falle das bestehende gesamte Staatsministerium für alle Regierungshandlungen verantwortlich.

IV. Der Stellvertreter unterscheidet sich vom Regenten dadurch, daß er vom Monarchen durch dessen freie Verfügung erwählt wird und nur innerhalb seines Auftrages handeln darf, auch verantwortlich bleibt; er genießt keinen besonderen strafrechtlichen Schutz.

§ 25. **Minister** ist der vom Könige an die Spitze eines Verwaltungszweiges gesetzte, in seiner amtlichen Tätigkeit selbständige, für seinen gesamten Tätigkeitsbereich verantwortliche Beamte.

I. Der König ernennt und entläßt die Minister; die Zahl der Ministerien ist durch den Etat festgelegt, soweit sie Minister mit Portefeuille sind, vgl. Band 12.

Die Minister sind dem Könige verantwortlich, V 44. Die Verantwortlichkeit für Regierungsakte des Königs übernimmt der Minister durch seine Gegenzeichnung.

II. Die Minister sowie die zu ihrer Vertretung abgeordneten Staatsbeamten haben Zutritt zu jeder Kammer und müssen auf ihr Verlangen zu jeder Zeit gehört werden.

Jede Kammer kann die Gegenwart der Minister verlangen. — Die Minister haben in den Kammern nur dann Stimmrecht, wenn sie deren Mitglieder sind (parlamentarische Regierung).

III. Die Ministeranklage richtet sich gegen solche politischen Maßnahmen von Ministern, welche dem Staatswohle zuwiderlaufen, und für welche die Minister, abgesehen von einer etwa bestehenden strafrechtlichen Verantwortung, die verfassungsrechtliche Verantwortung zu tragen haben.

1. Nach V 61 können die Minister durch Beschluss einer Kammer wegen des Verbrechens der Verfassungsverletzung, der Bestechung und des Verrates angeklagt werden. Über eine solche Anklage soll der oberste Gerichtshof der Monarchie in vereinigten Senaten entscheiden. Die näheren Bestimmungen über die Fälle der Verantwortlichkeit, über das Verfahren und über die Strafen sollen in einem besonderen Gesetze gegeben werden.

2. Solange das in V 61 angezeigte Gesetz nicht erlassen ist, kann eine Ministeranklage praktisch nicht durchgeführt werden. — Staatsrechtliche Bedenken stehen einem solchen Gesetze nicht entgegen, da es sich nicht um eine strafrechtliche, sondern um eine verfassungsrechtliche Verantwortung handelt.

§ 26. **Die Beamten.** I. Der König besetzt alle Stellen im Heere sowie in den übrigen Zweigen des Staatsdienstes, V 47.

II. Die richterliche und die vollziehende Gewalt sind streng voneinander getrennt.

3. Kapitel.

Die Gesetzgebung.

§ 27. Der Weg der Gesetzgebung. I. Die gesetzgebende Gewalt wird gemeinschaftlich durch den König und durch zwei Kammern ausgeübt.

1. Die Übereinstimmung des Königs und beider Kammern ist zu jedem Gesetze erforderlich.

2. In einzelnen Fällen bestehen Besonderheiten.

a) Die Verfassung kann auf dem ordentlichen Wege der Gesetzgebung abgeändert werden, wobei in jeder Kammer die gewöhnliche absolute Stimmenmehrheit bei zwei Abstimmungen genügt, zwischen welchen ein Zeitraum von wenigstens 21 Tagen liegen muss; V 107.

b) Finanzgesetzentwürfe und Staatshaushaltsetats werden zuerst der zweiten Kammer vorgelegt; letztere werden von der ersten Kammer im ganzen angenommen oder abgelehnt; V 62, Abs. 3. — Das Erfordernis der en-bloc-Annahme gilt also nur für den Etat, nicht dagegen z. B. für Steuergesetze.

c) Die Zustimmung der Kammern ist bei solchen Verträgen des Königs mit fremden Regierungen erforderlich, welche Handelsverträge sind, oder durch welche dem Staate Lasten oder einzelnen Staatsbürgern Verpflichtungen auferlegt werden.

II. Der König beruft die Kammern und schließt ihre Sitzungen.

1. Der König kann sie entweder beide zugleich oder auch nur eine auflösen. Es müssen aber innerhalb eines Zeitraumes von 60 Tagen nach der Auflösung die Wähler und innerhalb eines Zeitraumes von 90 Tagen nach der Auflösung die Kammern versammelt werden.

2. Der König kann die Kammern vertagen. Ohne deren Zustimmung darf diese Vertagung die Frist von 30 Tagen nicht übersteigen und während derselben Session nicht wiederholt werden.

3. Die beiden Häuser des Landtages der Monarchie werden durch den König regelmässig in dem Zeitraum vom Anfang November bis Mitte des folgenden Januar und ausserdem, so oft es die Umstände erheischen, einberufen.

4. Die Eröffnung und die Schliessung der Kammern geschieht durch den König in Person oder durch einen dazu von ihm beauftragten Minister in einer Sitzung der vereinigten Kammern.

a) Beide Kammern werden gleichzeitig berufen, eröffnet, vertagt und geschlossen.

b) Wird eine Kammer aufgelöst, so wird die andere gleichzeitig vertagt.

5. Eine Sitzung der vereinigten Kammern findet in fünf Fällen statt:

a) bei der Beschlussfassung über die Notwendigkeit einer Regentschaft;

b) bei der Wahl eines Regenten;

c) bei der Eröffnung des Landtages;

d) bei der Schliessung des Landtages;

e) bei der Eidesleistung des Herrschers;

III. Dem Könige sowie jeder Kammer steht das Recht zu, Gesetze vorzuschlagen; Gesetzesvorschläge, welche durch eine der Kammern oder den König verworfen worden sind, können in derselben Sitzungsperiode nicht wieder vorgebracht werden, V 64, Abs. 2.

IV. Jede Kammer prüft die Legitimation ihrer Mitglieder und entscheidet darüber. Sie regelt ihren Geschäftsgang und ihre Disziplin durch eine Geschäftsordnung und erwählt ihren Präsidenten, ihre Vizepräsidenten und Schriftführer.

Niemand kann Mitglied beider Kammern sein. — Beamte bedürfen keines Urlaubes zum Eintritte in die Kammer. — Wenn ein Mitglied ein besoldetes Staatsamt annimmt oder im Staatsdienste in ein Amt eintritt, mit welchem ein höherer Rang oder ein höheres Gehalt verbunden ist, so verliert es Sitz und Stimme in der Kammer und kann nur durch neue Wahl Mitglied der Kammer werden. Dies gilt (wie hervorzuheben ist) auch für Mitglieder des Herrenhauses.

1. Die Sitzungen beider Kammern sind öffentlich.

Geheime Sitzungen sind zulässig, V 79, und zwar auf Antrag des Präsidenten oder von zehn Mitgliedern.

2. Jede Kammer hat für sich das Recht, Adressen an den König zu richten.

Niemand darf in Person den Kammern eine Bittschrift oder Adresse überreichen. — Jede Kammer kann die an sie gerichteten Schriften an die Minister überweisen und von ihnen Auskunft über eingehende Beschwerden verlangen.

3. Eine jede Kammer hat die Befugnis, behufs ihrer Information Kommissionen zur Untersuchung von Tatsachen zu ernennen (Enquete).

4. Die Mitglieder beider Kammern sind Vertreter des ganzen Volkes; sie stimmen nach ihrer freien Überzeugung und sind an Aufträge und Instruktionen nicht gebunden; V 83 (kein imperatives Mandat).

Die Mitglieder können gemäss V 84 für ihre Abstimmungen in der Kammer niemals, für ihre darin ausgesprochenen Meinungen nur innerhalb der Kammern auf Grund der Geschäftsordnung zur Rechenschaft gezogen werden; vgl. w. o. Seite 18.

Die Mitglieder der Oberrechnungskammer dürfen nach dem Gesetze vom 27. März 1872 den Kammern nicht angehören.

V. Die Benennung der beiden Kammern ist durch das Gesetz vom 30. Mai 1855 abgeändert worden. Seitdem heißt die erste Kammer: Herrenhaus, die zweite: Haus der Abgeordneten.

§ 28. **Das Herrenhaus** setzt sich nach der Verordnung vom 12. Oktober 1854 aus folgenden Personen zusammen:

1. den vom Könige berufenen großjährigen königlichen Prinzen;

2. Mitgliedern mit erblicher Berechtigung, nämlich:

a) den Häuptern der fürstlichen Häuser von Hohenzollern-Hechingen und Hohenzollern-Sigmaringen;

b) den nach der deutschen Bundesakte zur Standschaft berechtigten Häuptern der vormaligen deutschen reichsständischen Häuser in Preussen;

c) den übrigen nach der Verordnung vom 3. Februar 1847 zur Herrenkurie des Vereinigten Landtages berufenen Fürsten, Grafen und Herren;

d) denjenigen Personen, welchen das erbliche Recht auf Sitz und Stimme in der ersten Kammer vom Könige durch besondere Verordnung verliehen wird; das Recht hierzu wird in der durch die Verleihungsurkunde festgesetzten Folgeordnung vererbt.

3. Mitgliedern, welche auf Lebenszeit vom Könige berufen sind, nämlich:

a) Personen, welche dem Könige präsentiert werden.

Das Präsentationsrecht steht zu:

α) den nach der Verordnung vom 3. Februar 1847 zur Herrenkurie des Vereinigten Landtages berufenen Stiftern;

β) dem für jede Provinz zu bildenden Verbande der darin mit Rittergütern angesessenen Grafen, für je einen zu Präsentierenden;

γ) den Verbänden der durch ausgebreiteten Familienbesitz ausgezeichneten Geschlechter, welche mit diesem Rechte begnadigt sind;

δ) von Verbänden des alten und befestigten Grundbesitzes;

ε) einer jeden Landesuniversität;

ζ) denjenigen Städten, denen der König dieses Recht besonders beilegt.

b) den Inhabern der vier grossen Landesämter in Preussen, nämlich: Oberburggraf, Landhofmeister, Obermarschall und Kanzler.

c) einzelnen Personen, welche der König aus besonderem Vertrauen ausersieht; aus diesen bestellt der König Kronsyndizi, denen er wichtige Rechtsfragen zur Begutachtung vorlegt und die Prüfung und Erledigung rechtlicher Angelegenheiten des Hauses anvertraut.

Die Beschlußfähigkeitsziffer des Herrenhauses beträgt 60.

Das Verzeichnis des Herrenhauses (19. Oktober 1908) zählt 318 Mitglieder; 46 Berechtigungen ruhen.

Das Recht auf Sitz und Stimme im Herrenhause kann nur von einem Preussen ausgeübt werden, der sich im Besitze der bürgerlichen Ehrenrechte befindet, seinen Wohnsitz innerhalb Preussens hat und nicht im aktiven Dienste eines ausserdeutschen Staates steht.

Das Mindestalter beträgt 30 Jahre; für königliche Prinzen besteht dieses Erfordernis nicht.

Die Mitglieder des Herrenhauses erhalten freie Eisenbahnfahrt, und zwar von 8 Tagen vor bis 8 Tage nach der Session.

§ 29. Das Haus der Abgeordneten.

1. Das Haus der Abgeordneten setzt sich aus 443 Mitgliedern zusammen, die in mittelbarer Wahl auf Grund des Dreiklassensystems gewählt werden.

Massgebend für das Wahlrecht zum Hause der Abgeordneten ist die Verordnung vom 30. Mai 1849, zuletzt abgeändert durch das Gesetz vom 28. Juni 1906.

Das Dreiklassenwahlsystem ist der Gemeindeordnung für die Rheinprovinz vom 23. Juli 1845, § 50 entnommen.

Mittelbar (indirekt) heisst die Wahl deshalb, weil die Urwähler die Wahlmänner, die Wahlmänner die Abgeordneten wählen.

Die Beschlußfähigkeitsziffer beträgt 222. — Die Legislaturperiode dauert 5 Jahre. — Den Mitgliedern des Abgeordnetenhauses werden die Reisekosten ersetzt und 15 Mark Diäten täglich gewährt.

1. Aktives Wahlrecht als Urwähler und als Wahlmann hat jeder selbständige Preuße, der das 24. Lebensjahr vollendet hat, nicht infolge rechtskräftigen Urteils die bürgerlichen Ehrenrechte verloren hat, nicht aus öffentlichen Mitteln Armenunterstützung erhält, — in der Gemeinde, in der er seit sechs Monaten seinen Wohnsitz oder seinen Aufenthalt hat.

Das aktive Wahlrecht ruht bei den zum aktiven Heere gehörigen Militärpersonen, mit Ausnahme der Militärbeamten.

Das Wahlrecht darf nur einmal ausgeübt werden, auch wenn der Urwähler mehrere Wohnsitze hat.

2. Das passive Wahlrecht (d. h. das Recht, Abgeordneter zu sein) setzt voraus: den Besitz der preußischen Staatsangehörigkeit, die Vollendung des 30. Lebensjahres, den Vollbesitz der bürgerlichen Ehrenrechte, die mindestens einjährige Zugehörigkeit zum preußischen Staatsverbande (bei solchen Personen, die vordem nicht das Indigenat des Deutschen Reiches besaßen).

Die Wahlbezirke werden durch das Gesetz bestimmt; sie können aus einem oder mehreren Kreisen bestehen oder aus einer oder mehreren grossen Städten gebildet werden.

Die Wahl erfolgt auf Grund des Wahlreglements vom 14. März 1903, abgeändert durch das Gesetz vom 28. Juni 1906, nebst einem Nachtrag zum Wahlreglement, vom Staatsministerium unterm 20. Oktober 1906 erlassen.

Den Termin für die allgemeinen Wahlmännerwahlen und für die Abgeordnetenwahlen bestimmt der Minister des Innern. Die Wahlen können als Fristwahlen oder als Terminwahlen erfolgen (Band **29**).

II. Der Wahlgang besteht aus zwei getrennten Akten, der Wahl von Wahlmännern und der Wahl von Abgeordneten.

1. Die Urwähler wählen Wahlmänner. Auf je 250 Seelen kommt ein Wahlmann; der Urwahlbezirk soll nicht weniger als 750 und nicht mehr als 1749 Seelen zählen.

a) Die Urwähler eines jeden Urwahlbezirkes werden entsprechend den von ihnen zu leistenden direkten Steuern in drei Abteilungen geteilt, so dass auf jede Abteilung ein Drittel des Gesamtsteuerbetrages aller Urwähler fällt. Die Urwähler, welche die höchsten Steuern zahlen, bilden bis zu einem Drittel des Gesamtsteuerbetrages die erste Klasse, die anderen die zweite und dritte Klasse.

b) Der Urwähler wählt die Wahlmänner durch mündliche Stimmabgabe zu Protokoll. Als Wahlmann ist gewählt, wer die absolute Mehrheit der Urwählerstimmen auf sich vereinigt.

2. Die Wahlmänner wählen die Abgeordneten durch mündliche Stimmabgabe zu Protokoll.

§ 30. Das Verordnungsrecht steht dem Könige zu.

1. Die Prüfung der Rechtsgültigkeit gehörig verkündeter königlicher Verordnungen steht nicht den Behörden, sondern nur den Kammern zu; V 106, Abs. 2.

2. Nur in dem Falle, wenn die Aufrechterhaltung der öffentlichen Sicherheit oder die Beseitigung eines ungewöhnlichen Notstandes es dringend erfordert, können, wenn die Kammern nicht versammelt sind, unter Verantwortlichkeit des gesamten Staatsministeriums Verordnungen mit Gesetzeskraft, die der Verfassung nicht zuwiderlaufen, erlassen werden; V 63 (Notverordnung).

Das gesamte Staatsministerium hat die Verantwortung zu übernehmen. Zur Gegenzeichnung genügt die Unterschrift auch nur eines Ministers. — Die Notverordnung ist den Kammern bei ihrem nächsten Zusammentritt zur Genehmigung sofort vorzulegen. Wird die Genehmigung verweigert, so tritt die Verordnung nicht von selbst ausser Kraft, sondern muss vielmehr von der Staatsregierung ausser Kraft gesetzt werden.

Druck von A. W. Hayn's Erben, Potsdam.

FSC
www.fsc.org
MIX
Papier | Fördert
gute Waldnutzung
FSC® C083411

Kolibri 360 GmbH
Ferdinand-Jühlke-Straße 7
99095 Erfurt, Deutschland
produktsicherheit@kolibri360.de